Cuéntame un mito

Carlos Goñi

Cuéntame un mito

Ariel

Obra editada en colaboración con Editorial Planeta – España

Bajo el sello editorial ARIEL M.R.
Avenida Presidente Masarik núm. 111,
Piso 2, Polanco V Sección, Miguel Hidalgo
C.P. 11560, Ciudad de México
www.planetadelibros.com.mx
www.paidos.com.mx

Ediciones anteriores: 2001, 2007 y 2012

Primera edición impresa en España: octubre de 2021
ISBN: 978-84-344-3385-4

Primera edición impresa en México: junio de 2022
ISBN: 978-607-569-276-0

Impreso en los talleres de Impresora Tauro, S.A. de C.V.
Av. Año de Juárez 343, Colonia Granjas San Antonio, Iztapalapa,
C.P. 09070, Ciudad de México.
Impreso en México – *Printed in Mexico*

A mis hermanos:
Mariví, Mari Jose,
Ana, Santi, Eduardo,
Álvaro, Cristina y Adriana

A través de estos mitos,
las voces de nuestros antepasados se dirigen a nosotros.
Pero ¿qué intentan decirnos?

GRAHAM HANCOCK,
Las huellas de los dioses

ÍNDICE

PRESENTACIÓN

Los mitos son narraciones fabulosas de origen desconocido. No se sabe quién los inventó: fueron transmitiéndose de generación en generación como una buena noticia o una verdad maravillosa. Se puede decir, por tanto, que no tienen autor, o lo que es lo mismo, que nadie tiene derecho sobre ellos: son patrimonio de la humanidad.

Todas las culturas han creado mitos. Con ellos han transmitido a lo largo de los siglos sus creencias, sus valores, sus temores, sus proyectos. Resulta altamente interesante ver cómo muchas de las narraciones mitológicas de culturas muy dispares coinciden en lo esencial. Existen muchas *mitologías*, pero en el fondo sólo son diferentes puestas en escena de una misma narración, una gran narración que nos habla de las verdades esenciales sobre los hombres y los dioses, de los orígenes del mundo, del sentido de la vida, del bien y del mal, de cómo llegar a ser realmente humanos, del porqué de las cosas, del destino de los hombres...

Como narraciones, estas maravillosas historias necesitan de los *mitógrafos*, de alguien que las cuente una y otra vez. Pero se ha de tener claro que ellos no las han creado, sino que se han limitado a transcribir visiones o experiencias arcaicas de hombres que no conocieron. Se puede decir que con los *mitógrafos* "se terminan" los mitos y comienza la historia.

Los mitos no son, por tanto, objeto de la ciencia histórica, sino simplemente de la narración y, como consecuencia propia, de la reflexión. No nos informan sobre acontecimientos históricos, sino sobre la experiencia religiosa, en el sentido más profundo de la palabra, del hombre primitivo.

Por eso, este libro no pretende sino contar mitos. Estoy convencido de que el hombre actual —los niños, los jóvenes y los adultos— necesita que se le cuente un mito antes de dormir, antes de recostarse en su mullida incredulidad. Es más, el hombre de hoy necesita ensamblar el pequeño guión de su vida en un gran argumento, por eso necesita los mitos, que le enseñan que la biografía de cada hombre es un eslabón más de una enorme cadena.

Pero no se puede contar mitos sin dar una interpretación. La forma de contarlos indica ya una manera de ver la realidad, una cierta racionalización del mito. He aquí una paradoja contra la que habrá que luchar a lo largo de estas páginas y que está presente ya en el título: cómo explicar lo extra-racional, cómo contar mitos. Pero para eso están, para ser contados. Los mitos permanecen por definición fuera del alcance de lo netamente racional, son difíciles de pensar, como dice Julián Marías, por este motivo, no pretendo descubrir su sentido "metafísico" ni dar una interpretación completa y acabada, no aspiro a meterlos dentro de los límites de la mera razón, sino sólo a dejar que nos sigan sugiriendo desde su estrato extra-racional.

En los mitos late lo maravilloso, porque en ellos descubrimos lo que no somos capaces de ver con las lentes que de ordinario llevamos puestas. Cada relato es como un anteojo —vemos a través de él— que nos acerca a un pasado inmemorial, a una época fuera de la historia, antes de todo, imposible de fechar. Gracias a ellos podemos contemplar el origen y, en ellos, mirarnos a nosotros mismos.

Los mitos son susurros de la divinidad, verdades musitadas a los oídos de los antiguos. Por eso, son esencialmente verdad y nos transmiten verdades esenciales. Mejor dicho, son esencialmente verdad justamente porque nos transmiten verdades esenciales. El que cree en relatos míticos no peca de credulidad, no es un ingenuo, un inocente anacrónico, sino alguien que cree que existen certezas valederas en todo tiempo y lugar, que profesa una fe inquebrantable en una verdad esencial sobre el hombre y que la busca por encima de prejuicios sociales, culturales o religiosos.

Con gran acierto, Pierre Grimal afirma: "Un relato, para merecer el nombre de mito, debe hallarse situado, en grado mayor o menor, en el mundo de las Esencias." Y de esa forma justifica que para Platón los mitos tuvieran tanta importancia.

Creer en los mitos se asemeja a creer en los Reyes Magos. Sabemos que sus coronas son de plástico, sus trajes alquilados y los camellos prestados, pero eso no es lo importante. Lo que cuenta es que seguimos creyendo en lo maravilloso.

1

INVOCACIÓN A LAS MUSAS

Un libro sobre mitos no puede comenzar de otra manera que invocando a las Musas. ¿Quién debe más que el *mitógrafo* a esas nueve hijas del poderoso Zeus y la bella Mnemósine? A lo largo de la historia, las Musas han inspirado todo lo maravilloso que ha hecho el hombre: la tragedia y la comedia, la épica y la lírica, el canto y la danza, la astronomía y la historia... Poetas, comediógrafos, músicos, historiadores, artistas, científicos, filósofos, oradores... se han puesto bajo su amparo. Yo, por mi parte, no puedo iniciar estos relatos sin conjurar la protección, la inspiración y el favor de las inmortales diosas de las artes. ¡Hacedme partícipe, oh divinas incitadoras, de ese soplo celestial con que alentáis el espíritu de los artistas y convertís en obra de arte la vulgar materia, en música dulce los sonidos ordinarios, en profunda poesía las palabras humanas, en sublimes teorías los sencillos pensamientos! Con el convencimiento de teneros por guías, dejo hablar a mi pluma.

Zeus, el incansable seductor, se enamoró de la bella hija de Urano y Gea, la titánide Mnemósine. Mnemósine era la personificación de la memoria y había sido engendrada para custodiar los recuerdos. Con suma delicadeza, apartaba las experiencias negativas que intentaban pegarse a la memoria de los hombres, a la vez que grababa con fuerza las positivas. Quizá por este don de gobernar los recuerdos o porque superaba en belleza a todas las titánides, el señor del Olimpo utilizó todas sus galantes argucias para unirse con ella durante nueve noches consecutivas.

Al cabo de nueve meses, Mnemósine dio a luz nueve hijas. Conforme las iba trayendo al mundo, iba recordando cada noche de amor con Zeus. Cuando el rey del Olimpo se instaló definitivamente como dueño y señor del universo, ella comprendió su gran poder, ya que no podía mirar a ninguna de sus hijas sin pensar en él. Como señora de la memoria, intentó olvidar sus aventuras amorosas con el padre de los hombres, sin embargo, se dio cuenta de que era imposible: con una fuerza que ella no era capaz de controlar, sus hijas le recordaban continuamente al omnipotente Zeus.

Mnemósine supo entonces que su propia autoridad había sido debilitada desde que se unió con el dios. Los malos recuerdos, que antes apartaba de los hombres, tenían mayor poder y se instalaban en las memorias con una fuerza terrible. Sus hijas le traían continuamente recuerdos agradables de su amor con Zeus, a costa de que los humanos sufrieran el remordimiento continuo de sus propios errores y maldades.

Al contemplar su impotencia y el sufrimiento de los hombres, Mnemósine se entristeció y buscó la forma de favorecer a los mortales. Pidió consejo a sus padres, Gea y Urano, la tierra y el cielo, quienes le exhortaron a que enseñara a sus hijas los secretos de los dioses y luego las enviara a inspirar las mentes de los hombres.

—"Sólo ellas —dijo Urano— pueden hacer que vuelva la alegría a los corazones humanos."

Siguiendo la recomendación de sus progenitores, Mnemósine educó a sus hijas en las artes y las ciencias. A Calíope le enseñó la poesía épica, a Clío la historia, a Polimnia la pantomima, a Euterpe la flauta, a Terpsícore la danza, a Erato la lírica, a Melpómene la tragedia, a Talía la comedia, y a Urania la astronomía.

Cuando crecieron las envió a la tierra para que iluminaran las mentes de los mortales. De esta forma, el ser humano escribió grandes epopeyas que le sirvieron para recordar sus hazañas, inventó la historia para controlar sus recuerdos, la pantomima, la flauta y la danza para expresar la belleza, compuso bellos poemas para alentar sentimientos nobles, representó tragedias para enclaustrar el dolor, comedias para desatar la risa, y aprendió a leer en el cielo los designios de la divinidad.

Sugerencias

Es deber del mitógrafo *transcribir mitos, no inventarlos. Sin embargo, guarda para sí la licencia de introducir las modificaciones que estime oportunas, pues las narraciones mitológicas están vivas y se adaptan tanto a las circunstancias históricas como a las diferencias geográficas. Una misma leyenda se cuenta de diferente manera en Esparta que en Creta, en la era arcaica que en la época clásica, pero el fondo es el mismo.*

La historia de las Musas, que acabo de narrar, tiene muchos elementos añadidos. La tradición sólo dice que las diosas de las artes y las ciencias son hijas de Zeus y Mnemósine (la memoria), las cuales nacieron tras nueve noches de amor, lo demás es interpretación propia. En verdad, no está en el guión, pero creo que viene, en cierta forma, exigido por él.

Si no hubiera ocurrido lo que ocurrió, los humanos habríamos vivido eternamente en una falsa inocencia, mejor dicho, en una ingenuidad fundada en la imposibilidad de recordar lo negativo. Es verdad que nuestra memoria se autodefiende y arrincona en el abismo del olvido las experiencias desagradables, pero gracias al Destino, no son desterradas del todo.

Del mismo modo que el no poder olvidar (se entiende los recuerdos desagradables) sería nefasto para nuestra salud mental, el no poder recordarlos también daría como resultado un obrar inconsciente, atolondrado (de ahí el “Memento homo...”, recuerda hombre que eres polvo...). Los humanos tropezamos dos y más veces en la misma piedra, sin embargo los errores nos enseñan más que los aciertos. En este sentido decía Cicerón que la historia es la maestra de la vida, pues aprendemos del pasado. No obstante, nadie es capaz de mantener la tensión frenética de una memoria sin capacidad de olvidar lo negativo. “Sin capacidad de olvido —dice Nietzsche en La genealogía de la moral— *no puede haber ninguna felicidad, ninguna jovialidad, ninguna esperanza, ningún orgullo,* ningún presente.” *(La fiesta, el descanso, la diversión, susurran a los oídos de los hombres: “Olvídate por un momento que eres polvo...”) Es aquí donde intervienen las Musas, que nos inspiran la belleza, única arma contra el constante martilleo del pasado.*

Ellas, y las voces por ellas inspiradas, funcionan como analgésicos de la penosa condición humana, que alivian de los sufrimientos de una vida mortal. En este sentido, escriben Giulia Sissa y Marcel Detienne en La vida cotidiana de los dioses griegos *(Temas de Hoy, 1994): “Las Musas, hijas de Zeus y de Mnemósine (Memoria), nacieron para cumplir un cometido muy concreto y apreciado: proporcionar el olvido de las desgracias y una tregua a las preocupaciones. Procurar unas pausas, un tiempo de felicidad en la vida de trabajo, cansancio y penalidades que es el destino de los mortales. (...) Quien escucha la voz que fluye en boca de un poeta amado por las Musas, interrumpe los recuerdos de las preocupaciones* (kêdea): *escuchar las hazañas de los héroes, soñar con los dioses en las moradas del Olimpo, todo ello alivia las penalidades de una vida traspasada por la muerte. Las Musas, dio-*

sas ajenas a la inquietud, salvan, aunque sea por un tiempo efímero, a los humanos de la preocupación, sustituyendo el recuerdo obsesivo de la muerte por la rememoración de otra vida, la de los dioses y los héroes."

Alguien dijo que podemos ser felices únicamente en la medida en que somos capaces de olvidar que vamos a morir.

Hablar de las Musas es hablar de inspiración. Todos los grandes poetas, músicos, escritores, artistas... explican sus creaciones más grandiosas en términos de inspiración. Claro que a este momento sublime le antecede y sigue una actividad puramente humana, como es el trabajo. Sin embargo, todos ellos se han sentido "tocados" por algo superior a ellos mismos, por algo que orienta su obra, incluso que "exige" un despliegue determinado.

A veces, esa luz tan clara que se presenta en el horizonte aparece al inicio y guía toda la actividad. A veces, se revela de improviso tras mucho tiempo de ir a tientas; entonces lo ilumina todo, y todo adquiere un sentido. Nadie sabe a ciencia cierta de dónde procede, nadie puede explicar su origen, sólo sabemos que los antiguos griegos creían en nueve hermosas doncellas ("rameras histéricas" las llamará Boecio) que susurraban a los oídos de los artistas.

Edison decía que en el proceso del descubrimiento científico, un noventa y ocho por ciento es transpiración (es decir, estudio y trabajo) y sólo un dos por ciento inspiración. El noventa y ocho por ciento sabemos de dónde procede, el dos restante es un enigma. José Antonio Marina lo llama "ocurrencia" (véase La selva del lenguaje, *Anagrama, Barcelona, 1998, p. 137). El artista debe aceptar esa "ocurrencia" que se presenta repentinamente y llevar a cabo una búsqueda consciente. Por eso, la obra de arte sorprende, en primer lugar, al que la realiza. El creador busca esa "ocurrencia", persi-*

gue la luz que ha visto en el horizonte, multiplica esbozos y destruye los bocetos imperfectos: es el proceso creativo. Al final, se rinde a su propia impotencia y da por terminada la obra.

Pero a veces buscamos sin éxito, porque las Musas, como en la canción de Serrat, pasan de nosotros o simplemente están de vacaciones.

2

CRONO, EL QUE TODO LO DEVORA

El dios griego del tiempo es Crono. Francisco de Goya lo representa como un monstruo voraz que se come a sus propios hijos. Nada hay más cruel que el brutal filicidio cometido por el dueño del universo. La mitología griega nos enseña que el paso del tiempo lo devora todo, que cicatriza heridas y sepulta los átomos de la memoria.

Al principio era el Caos. Del Caos surgió Gea (la Tierra), quien engendró, gracias a la intervención de Eros, a un compañero: Urano (el Cielo). De la unión de los dos primeros dioses, de Urano y Gea, nacieron los Hecatonquiros, gigantes de cien manos, los Cíclopes, gigantes que tenían un solo ojo en la frente, los Titanes y sus hermanas las Titánides.

Urano, celoso de los hijos que iba concibiendo Gea y temeroso de que pudieran arrebatarle su poder, no les dejaba salir del seno de su madre. Gea, que sufría terribles dolores, fabricó una hoz y se la entregó a sus hijos para que la liberaran de la opresión de Urano. Pero ninguno de sus nonatos vástagos se atrevía a empuñar semejante arma y llevar a cabo la terrible venganza. Al final, viendo Crono cómo sufría su madre, blandió la hoz contra Urano y le cercenó los testículos, que cayeron al mar fecundando las olas, de las cuales nacieron las Erinias y la bella Afrodita.

Crono liberó a todos sus hermanos y ocupó el lugar de su padre en el Cielo. Dueño y señor del universo, arrojó al Tártaro a los Hecatonquiros, encadenó a los cíclopes y se casó con su hermana Rea.

Al verse vencido por su propio hijo, Urano le maldijo diciendo:

—"Tú también, Crono, serás destronado por uno de tus hijos."

Para evitar que se cumpliera la profecía de su padre, Crono iba engullendo a sus propios descendientes según iban naciendo. Primero tragó a Hestia, y sucesivamente a Deméter, Hera, Hades y Posidón. Cuando Rea supo que estaba encinta de su sexto hijo, huyó a Creta para tener a Zeus en secreto. Pero Crono se enteró y le ordenó que le entregara al recién nacido para engullírselo también. La madre, que había dejado al pequeño oculto en el monte al cuidado de la cabra Amaltea, le ofreció una piedra envuelta en pañales. Crono se tragó el engaño y vivió tranquilo pensando que controlaba la situación.

Cuando Zeus creció pidió consejo a Metis (la Prudencia), quien le entregó una droga para que se la suministrara a su padre. El joven se personó ante Crono y le ofreció beber un vino dulcísimo que traía de Creta. El soberano no se percató de que el vino contenía la droga de Metis y bebió con fruición. El vino, aunque de sabor exquisito, le produjo un gran malestar y le hizo vomitar a los hijos que había engullido años atrás. Zeus, junto a sus hermanos, luchó contra su padre y los demás Titanes.

La guerra duró diez años. Zeus liberó a los cíclopes y a los hecatonquiros, cuya ayuda fue inestimable. Los primeros entregaron el trueno y el rayo a Zeus; un casco, que hacía invisible a quien lo portara, a Hades; y el tridente, que hace temblar la tierra, a Posidón. Armados de esta manera vencieron a los Titanes y se repartieron el poder, echándolo a suertes: a Zeus le tocó el gobierno del Cielo, y por tanto, el poder sobre todos los dioses; a Posidón, el mar; y a Hades, el dominio sobre el mundo subterráneo.

Zeus se casó con su hermana Hera y se instaló junto a los otros dioses en lo alto del monte Olimpo, el lugar más elevado de Grecia. Desde entonces el mundo se guía por la voluntad de los olímpicos, mientras los Titanes permanecen encadenados en el fondo del mar.

Sugerencias

Ésta es una historia importante, quizá demasiado importante; en cierto modo, imponente, tremenda, fascinante, tan grande que no es posible sacarle todo el jugo en unas cuantas líneas. A mi modo de ver nos transmite una verdad demasiado elevada para poder ser narrada. Sólo el mito es capaz de hacerlo. Esta historia nos presenta, nada más y nada menos, que la lucha encarnizada contra el tiempo. El tiempo lo devora todo, todo lo engulle y lo destruye, nada se puede hacer para recuperar el pasado. Sin embargo, Zeus, el padre de los dioses y de los hombres, consigue hacer que el tiempo vomite lo que ha tragado sin mesura, y así logra recuperar el pasado.

El hijo del tiempo establece un nuevo orden en el que cabe para el hombre la esperanza de la eternidad. Pero Zeus se acomoda en su trono y se olvida de llevar a cabo lo que estaba en su mano. El hombre antiguo tiene claro que el tiempo sin eternidad se convierte en un monstruo inhumano y sabe que existe otra dimensión más positiva. Lo que ocurre es que no sabe cómo pueden articularse el tiempo y la eternidad. Los dioses olímpicos son demasiado humanos para poder elevar al hombre a la eternidad: ellos mismos están sometidos a la temporalidad. En la literatura mítica se habla de "los dioses inmortales", más que de "los dioses eternos".

Parece como si los antiguos hubieran recibido una revelación respecto al advenimiento de una nueva dimensión en que la propia temporalidad se cruzara con la eternidad. Pero, como ya he dicho, es una verdad que les supera, no saben cómo expresarla; en cierto modo, no la comprenden. Habrá que esperar, como afirma Kierkegaard, a la revelación evangélica para contemplar al Eterno que se hace temporal y que le da un sentido nuevo a la temporalidad. El hombre a partir de la "plenitud de los tiempos" puede "recuperar" en el tiempo la eternidad.

¿Cómo expresar la esencia del tiempo? Sólo lo permiten las licencias del poeta, capaces de decirlo todo en un verso: "No existe más metáfora que la metáfora del tiempo" (José Manuel Gutiérrez, El color del aire, *Olifante, Zaragoza, 1999, p. 63).*

La historia nos muestra gran cantidad de rencillas familiares, asesinatos y conspiraciones de muchos príncipes que quisieron llegar a ser reyes antes de tiempo, pero la historia de Urano, Crono y Zeus no debe aplicarse únicamente a las intrigas de corte, sino a una verdad mucho más profunda y cotidiana: los hombres debemos resignarnos a envejecer, es decir, a ser suplantados por nuestros propios hijos.

Sobre el terrible Crono, ¿qué decir? Él es el monstruo más temido, el de mirada más terrible, al que nadie jamás logra vencer, pues es dueño de los "jamases". A base de devorar a dentelladas a su propia descendencia se ha convertido en el dios más rico. Ni las arcas del mismísimo rey Midas pueden contener lo que él engulle sin parar. He aquí la versión más prosaica del tan socorrido dicho "el tiempo es oro".

Contamos este mito a los niños en versión infantil. Se trata del cuento de Los siete cabritillos. *El lobo feroz engaña a los cabritos, que le han dejado entrar en su casa, facilitándole un gran banquete. Atiborrada de tan suculenta comida, la fiera llega a duras penas hasta la sombra de un árbol donde se queda profundamente dormida. Pero no se ha comido a todos, el hermano más pequeño pudo esconderse detrás del reloj y espera a su madre, a quien explica lo sucedido. Entonces, se llegan hasta donde yace el animal, le abren la tripa y salen felices los seis cabritillos. Para engañar a la bestia carnicera, le llenan la tripa de piedras, cosen la fisura y se alejan de allí. Ya sabéis cómo acaba el cuento. ¿No resultan dos historias similares? ¿No engulló Crono una piedra creyendo que se trataba de su propio hijo? ¿No escondió Gea a Zeus detrás del reloj? ¿No liberó el rey de los dioses a sus hermanos que se encontraban en las tripas de Crono?*

3

PROMETEO, EL BIENHECHOR DE LOS HOMBRES

La historia de Prometeo tiene mucho que ver con la suerte que ha corrido la humanidad. Se le considera el "bienhechor de los hombres", nuestro "benefactor", ya que arriesgó mucho por el bien de nuestra raza: como remoto precursor de Robin Hood, robó el fuego de los dioses para entregárselo a los humanos. Desde el punto de vista de la mitología griega, se puede decir que al valiente titán debemos lo que somos. ¡Gracias, Prometeo, por tu arriesgada filantropía!

Hijo del Titán Jápeto y, por tanto, "primo" de Zeus (vástago del Titán Crono), Prometeo recibió el encargo del padre de los dioses y los hombres de distribuir todas las cualidades, facultades y armas naturales entre todos los seres recién creados. Zeus confió en la sabiduría y el sentido común de Prometeo para llevar a cabo tan delicada misión. Pero éste tenía un hermano, llamado Epimeteo, menos prudente y un tanto torpe, que rogó a Prometeo le dejara el cuidado de hacer la distribución. Prometeo cedió a los ruegos de su hermano y le encomendó la divina tarea. Epimeteo se apresuró a llevarla a cabo, entregando a unos animales la fuerza, a otros la rapidez, a otros la agilidad o la facilidad para ocultarse, a los más débiles les dotó de agudos sentidos o de aguijones venenosos para poderse defender, a los más lentos les concedió caparazones o les recubrió la piel con pinchos, a los que vivían en zonas frías los protegió con una gruesa piel y abundante pelo, de tal forma que todos los seres de la tierra dispusieran de las armas suficientes para que su supervivencia quedara garantizada.

La imprudencia de Epimeteo le llevó a gastar enseguida todas las cualidades en favor de los animales y cuando le tocó proveer a la raza de los hombres se encontró con que no le quedaba ni fuerza, ni velocidad, ni unos sentidos agudos ni siquiera una gruesa piel para protegerse del frío. Asustado por la embarazosa situación en la que se encontraba y sin saber qué hacer, reclamó la ayuda de su hermano. Prometeo acudió a inspeccionar su trabajo y contempló a todas las especies animales armoniosamente equipadas, cada una con las facultades y las armas naturales que le permitirían sobrevivir. Pero cuando vio al hombre desnudo y falto de recursos, le sobrecogió un profundo sentimiento de compasión y decidió arriesgar su vida en favor de aquel ser que estaba condenado a desaparecer a corto plazo de la faz de la tierra.

Para enderezar la torpeza de su hermano, el osado Prometeo sustrajo chispas del fuego de la fragua de Hefesto, el dios constructor de las mansiones del Olimpo y de las armaduras de los grandes héroes, y se las entregó a los seres humanos. Esas ascuas representan el arte y la inteligencia. Gracias a este don inmerecido, los hombres pudieron fabricarse vestidos para protegerse del frío, construir armas para cazar y casas para defenderse de las fieras, de este modo, el hombre, pobre de nacimiento, se convirtió en el dueño y señor de la naturaleza.

Pero el atrevimiento de Prometeo no quedó impune. Enterado Zeus del ultraje cometido, le envió a Pandora, la primera mujer, como regalo. Viendo las intenciones de Zeus, Prometeo la rechazó, pero su hermano se desposó con ella. La ira de Zeus al ver al hombre partícipe de un privilegio divino llegó a tal extremo que decidió castigar a Prometeo con dureza: lo encadenó a una roca en las montañas del Cáucaso y le envió un águila que le roía el hígado durante el día, mientras por la noche la víscera se regeneraba. Nuestro benefactor fue liberado por Heracles, quien mató al águila de un flechazo y rompió las cadenas con su espada.

Sugerencias

El mito de Prometeo encierra grandes secretos sobre nuestra naturaleza. El fuego de los dioses representa la inteligencia (tradicionalmente se ha interpretado como luz), que no la tenemos por derecho propio, sino que nos ha sido entregada, regalada. Por eso, los hombres que usaban de su inteligencia para negar a los dioses eran considerados desagradecidos e impíos. La virtud de la piedad consiste justamente en aceptar ese don y sentirse agradecido. Del mismo modo, el querer convertir al ser humano en su propio Prometeo (¿no es éste el proyecto de la modernidad?), quien habría robado el fuego por su cuenta y habría sustituido a los dioses (¿cómo no pensar en el "superhombre" nietzscheano?), supone también un acto de soberbia e impiedad. Siempre me ha llamado la atención que la obra de Mary W. Shelley, Frankenstein, *escrita a principios del siglo* XIX, *lleve este subtítulo:* El moderno Prometeo.

Pero la inteligencia, que significa también conciencia y voluntad, es decir, lo que nos hace humanos y nos diferencia de los animales, ha sido robada para nosotros. Lo que significa que, entre los dioses, tenemos un benefactor que confía en nosotros y que ha sido capaz de arriesgar su vida por nuestra causa. Por ser un regalo y, además, algo robado, su consistencia no depende de quien la posee, sino más bien son los dioses los que deben soplar continuamente para mantener esa pequeña ascua encendida. Si dejaran por un momento de exhalar su aliento, simplemente se apagaría y quedaríamos convertidos en cenizas.

Esa minúscula chispa vale más que todas las facultades, armas, habilidades y destrezas que encontramos en los demás seres, porque su origen es divino. Ese pequeño regalo de Prometeo, no sólo nos ha permitido sobrevivir (como ponen de manifiesto los antropólogos), sino que nos hace ser semi-dioses, emparentados con ellos, porque bien podemos decir que lo que radicalmente nos constituye no es sólo barro.

Creo, sin embargo, que en la actualidad Prometeo no se sentiría orgulloso de los hombres. Nuestra arrogancia nos ha llevado a ser incrédulos, a despreciar a nuestro benefactor. Nos hemos construido a nosotros mismos de espaldas a los proyectos del Olimpo. Quizá seamos nosotros el águila que picotea sin cesar el hígado del pobre Prometeo.

4

ACONTIO, LA FUERZA DE LAS PALABRAS

Acontio, enamorado de Cidipe, usó una ingeniosa trampa para conseguir a su amada. En lides amorosas, cualquier artimaña por conseguir el objetivo puede llegar a ser perdonada, incluso su finalidad la convierte en loable. Acontio utilizó hábilmente su talento y contó con la terrible fuerza que tienen las palabras una vez pronunciadas. Los antiguos no se tomaban las palabras en vano.

En la isla de Ceos vivía Acontio, un hermoso joven, que aunque no era de origen noble, descendía de una familia acomodada. En aquel tiempo eran famosas las fiestas de Delos y allí acudió cuando llegó a la edad juvenil.

En Delos se encontró con Cidipe, una bella joven, hija de un noble ateniense, que, como él, se hallaba de paso. Al instante quedó prendado por la doncella y la siguió hasta el templo de Artemis, donde se celebraba el sacrificio a la diosa. Acontio la miraba ensimismado desde atrás, pues su belleza, en aquel lugar sagrado, le parecía extraordinaria. El fuego y los aromas de la inmolación, junto al palpitar acelerado de su corazón, le hicieron planear rápidamente la siguiente argucia: cogió un membrillo y con la punta de su daga escribió esta frase sobre su piel: "Juro por el templo de Artemis que me casaré con Acontio." Entonces hizo rodar el membrillo por el suelo y éste dio a parar a los pies de Cidipe. La nodriza que acompañaba a la joven recogió la fruta y se la entregó. La hermosa doncella, inocentemente, la miró y leyó la frase en voz alta. De pronto se percató del sentido de sus palabras y arrojó el membrillo como horrorizada. Pero el juramento ya había sido pronunciado.

Tras el incidente del templo, Acontio no pudo ver más a Cidipe. Ambos volvieron a sus respectivas tierras: él a Ceos y ella a Atenas. Acontio se consumía por Cidipe, pero veía imposible conseguir su amor. Mientras tanto, el padre de Cidipe preparaba la boda de su hija con un rico ateniense. En cuanto comenzaron las fiestas de la boda, Cidipe cayó gravemente enferma, de tal manera que tuvo que suspenderse la ceremonia. Cuando hubo restablecido la salud, su padre volvió a preparar los esponsales, pero otra vez enfermó gravemente. Lo mismo ocurrió la tercera vez. Estos extraños sucesos llegaron a oídos de Acontio, quien viajó hasta Atenas. El joven, no pudiendo entrar en la casa de Cidipe, ya que ella era noble y él no, suspiraba por quien tanto amaba y se interesaba continuamente por su salud.

Los atenienses fueron testigos del amor que sentía Acontio por aquella criatura que yacía enferma y comenzaron a rumorear si no estaría embrujada por el extranjero. Estos rumores llegaron a oídos del padre de Cidipe, quien ordenó encarcelar al forastero. Pero no encontró malicia en el joven, así que fue a consultar al Oráculo de Delfos.

Mientras duró el viaje a Delfos, Acontio moría por Cidipe. Día tras día se interesaba por su salud, la cual, según sus informadores, iba mejorando poco a poco. Al cabo volvió el padre de la joven y ordenó traer a su presencia a Cidipe y a Acontio, a quienes informó de su viaje. El Oráculo, según dijo, le manifestó la promesa que había realizado su hija en Delos y, según la cual, debía desposarse con Acontio. Las extrañas enfermedades no eran sino el resultado de la ira de Artemis, quien no quería que la joven cometiera perjurio. Enterado de que Acontio pertenecía a una buena familia, le entregó a su hija como esposa. Las fiestas nupciales duraron tres veces más de lo acostumbrado, pues, según el feliz padre, esa boda valía por tres.

Sugerencias

¡Qué fácil resulta afirmar con la palabra y negar con el corazón! Estamos tan acostumbrados a la hipocresía, a actuar de una manera y pensar de otra, a prostituir la palabra para salvar el pescuezo, a decir lo que sea con tal de quedar bien, que hemos debilitado las palabras a fuerza de usarlas sin ton ni son. El "pensamiento débil" (pensiero debole) *de la postmodernidad ha generado una lingüística anoréxica en la que los signos se han olvidado de la realidad significada. Ejemplo: se considera "poesía postmoderna" el encadenamiento indiferente de los "pies de foto" de un libro.*

Nos hemos acostumbrado a que las declaraciones realizadas un día puedan ser desmentidas al día siguiente sin ningún tipo de reparo. Nos hemos acostumbrado a verterlas en los micrófonos y en los periódicos, donde duran a lo sumo hasta que vuelva a salir el sol. Nos hemos acostumbrado a prometer cualquier cosa porque en cualquier momento se puede levantar la promesa, a firmar contratos por escrito que siempre contienen una cláusula de rescisión, a hablar más de la cuenta porque en definitiva no cuenta lo que se dice.

Sin embargo, Acontio cuenta con la fuerza de las palabras. Arriesga mucho porque sabe que si la bella Cidipe pronuncia la frase quedará comprometida con él. Para nosotros, las palabras tienen solamente un referente humano, para los griegos, en cambio, están vin-

culadas a lo divino, porque, en cierto modo, la naturaleza del lenguaje es sobre-natural. Por eso, prometer en vano no sólo destruye el orden social humano, sino que ofende a los dioses. ¡Qué bien sabe Acontio estas cosas! La diosa Artemis no castiga al osado enamorado, que ha profanado su templo, sino a la inocente doncella, que ha envilecido el lenguaje, porque para los dioses las palabras son sagradas. (Nótese que Homero usa el calificativo de "aladas" para referirse a las palabras.)

La recuperación de un "pensamiento fuerte" (pensiero forte) *comienza tomándose el lenguaje en serio y otorgando a las palabras la fuerza que, por naturaleza o sobre-naturaleza, les corresponde.*

Nuestro Cervantes viene a justificar la actuación del enamorado Acontio con este razonamiento: "Y así como en la guerra es cosa lícita y acostumbrada usar de ardides y estratagemas para vencer al enemigo, así en las contiendas y competencias amorosas se tienen por buenos los embustes y marañas que se hacen para conseguir el fin que se desea, como no sean en menoscabo y deshonra de la cosa amada." (*Don Quijote de la Mancha*, II, cap. XXI).

5

ÍO, EL AGUIJÓN DE LA CONCIENCIA

Uno de los grandes misterios que encierra el ser humano es esa vocecita interior que llamamos conciencia. ¿Cómo algo que es nuestro, que somos nosotros mismos, nos puede obligar a actuar, a no hacerlo, nos echa las culpas o nos ametralla con el remordimiento? Sócrates creía que un dios le hablaba en su interior, pues no podía entender que él mismo tuviera potestad para ordenar y recriminar sus propios actos. Sea como fuere, todos hemos comprobado el molesto aguijón de la conciencia, que continuamente nos está pinchando.

Ío era una doncella de Argos, sacerdotisa de Hera, de quien se enamoró Zeus. Para seducirla se introdujo en uno de sus sueños ordenándole que fuera a la orilla del lago Lerna y se entregase allí al padre de los hombres y de los dioses. Ío contó el sueño a su padre, Ínaco, quien consultó al oráculo, obteniendo como respuesta que, si su hija no hacía lo que decía el sueño, sería fulminado por un rayo. El padre, atemorizado, mandó a la joven al lago Lerna para que se uniese allí con Zeus.

Pronto Hera comenzó a sospechar la aventura de su esposo con su sacerdotisa. Para defender a su amada de la ira de la vengativa diosa, Zeus la convirtió en una ternera blanca y juró que nunca se había unido al animal. De todas formas, Hera exigió que se la regalara. Su marido no pudo negarse a la petición de su esposa, así que le entregó a Ío. Por su parte, la divina Hera confió aquel hermoso animal a Argo, el de los Cien Ojos, para que la vigilara día y noche.

Zeus, que seguía enamorado de Ío, pidió a Hermes que la liberara. El viejo Argo dormía con cincuenta ojos cerrados y los otros cincuenta abiertos para poder vigilar a su prisionera. Pero, una noche, Hermes, con su varilla mágica, durmió los cincuenta ojos que quedaban despiertos y así pudo escapar la nívea ternera. Después mató a Argo. Desde aquel momento, Zeus hacía el amor con Ío, tomando la forma de un hermoso toro. Hasta que Hera descubrió el engaño y castigó a la joven de la forma más terrible: le envió un tábano que continuamente la aguijoneaba.

La pobre Ío, convertida en ternera, vagaba por el mundo atormentada por el tábano que no dejaba de picotearla. Se lo quitaba con continuos movimientos de su rabo, pero enseguida la volvía a punzar. Ío corría desesperada para ver si podía deshacerse de aquel fastidioso insecto, pero no lo conseguía porque el tábano vivía en su propia crin.

Sugerencias

No cabe duda de que estamos ante el tema de la conciencia. Hera sabe cómo castigar a Ío: el molesto tábano que le envía le hará recordar continuamente quién es, nunca más estará tranquila, ya no habrá descanso para su continuo huir.

Nadie como Rafael Argullol ha sabido expresar la angustia de la bella doncella convertida en ternera: "A Ío la han castigado con el regalo de la conciencia*: ese tábano invisible que le pica cada vez más dolorosamente y embota sus sentidos. Y así su cuerpo, aquel cuerpo admirable que despertó la lujuria del padre de los dioses, se ha abierto al sufrimiento y a la culpa. Ío envejece,* *errando por valles indescifrables, mientras, por más que se esfuerza, no logra comprender la furia del mundo ni la causa de su dolor. Pero, a pesar de todo, aún hay una belleza conmovedora en la figura de Ío y su silueta, danzando en el claroscuro del paisaje crepuscular, posee una fascinación inigualable: es el único ser auténticamente vivo en un universo espectral" (Rafael Argullol,* El fin del mundo como obra de arte, *Destino, Barcelona, 1991, p. 16).*

*La comparación de la conciencia con un insecto no es exclusiva del mito, también aparece en el cuento de Pinocho, bajo la figura de Pepito Grillo. Cuando el hada da vida a Pinocho, le dice que para dejar de ser un muñeco de madera y convertirse en un niño de verdad deberá llegar a comportarse como tal. Para poderlo conseguir necesita una conciencia que le permita distinguir el bien del mal y que le ayude en la búsqueda de sí mismo. El hada nombra a Pepito Grillo "*conciencia *del recién nacido". Engalanado para la ocasión, el desenfadado insecto se dispone a ser la "débil vocecita interior que casi nadie escucha" y a no abandonar nunca a su amigo.*

Muchas veces el ser humano ha pretendido poner sordina a esa "vocecita interior" que es la conciencia. Ha pensado que si se le hace demasiado caso te puede complicar la existencia. Ha creído que "tener la conciencia tranquila" es lo mismo que "tener la conciencia dormida". Sin ella, sin el constante martilleo de sus consejos, seremos auténticos seres libres. Sin ella, sin el continuo diferenciar entre lo bueno y lo malo, llegaremos a convertirnos en superhombres y estaremos por encima del bien y del mal. Sin ella, sin el regusto amargo que deja el remordimiento, viviremos despreocupados y felices. Por eso, escribe Fernando Savater: "Despachemos con viento fresco al pelmazo de Pepito Grillo: la verdad es que me ha resultado siempre tan poco simpático como aquel otro insecto detestable, la hor-

miga de la fábula que deja a la locuela cigarra sin comida ni cobijo en invierno sólo para darle una lección, la muy grosera" (Fernando Savater, Ética para Amador, *Ariel, Barcelona, 1991, pp. 112-113). Y Sartre hace decir a Orestes: "El más cobarde de los asesinos es el que tiene remordimientos" (Jean-Paul Sartre,* Las moscas, *Alianza Losada, Madrid, 1981, p. 107).*

Muchas veces el ser humano ha querido destruir su conciencia como se aplasta un pequeño insecto, como un fuerte toro asusta las moscas con su rabo, pero no se ha dado cuenta de que su resistencia es inversamente proporcional a su pequeñez.

El ideal del hombre sin conciencia es el muñeco creado por el viejo Gepetto, una marioneta que, incapaz de ver los hilos que la manejan, se cree autónoma, libre y feliz. Y cuando le parece oír una tímida vocecita que le avisa de su error, enseguida la ahoga con una retahíla de evidencias creadas por su orgullo. Poco a poco su silencio va adquiriendo ecos mortuorios hasta que se la entierra en la fosa negra del olvido. Entonces, lo que se esconde tras la madera pulida y perfectamente barnizada de nuestro Pinocho no es otra cosa que madera y nada más. Una vez que se ha deshecho de Pepito Grillo, al muñeco de madera muerta ni tan siquiera podrá crecerle la nariz. Su espíritu leñoso será incapaz de sentir vergüenza, remordimientos, dudas, incluso de sentir la satisfacción espiritual que deja el bien que se ha hecho, y sólo temerá al poder destructor de las llamas.

En momentos de crisis, cuando la vocecita parece querer resucitar, acudirá al carpintero, quien, a base de lija y barniz, convertirá sus defectos en serrín y sus sombras en brillos. Definitivamente, no podrá escuchar ya el rumor que le avisa, desde la astilla más recóndita de su alma, de las minúsculas carcomas que van creando galerías de vacío en su interior. Barniz sobre barniz, el muñeco irá perdiendo su propio yo.

Algo parecido le ocurre al protagonista de la novela de Henrik Stangerup El hombre que quería ser culpable *(Barcelona, Tusquets, 1991). El novelista danés nos sitúa en una sociedad deshumanizada, controlada por un rígido aparato burocrático estatal, donde los hombres han perdido su identidad personal, su responsabilidad, y donde han sido liberados de la pesadumbre de la culpa. Pero Torben, el protagonista, aturdido por el alcohol y embriagado por el sinsentido, asesina a su mujer. Tras el crimen va descubriendo poco a poco que el sistema, representado por psicosociólogos y psiquiatras, justifica su acto como un accidente provocado por las circunstancias. Desde ese momento Torben reclama a gritos su culpabilidad porque se da cuenta de que ser liberado artificialmente de su pecado equivale a perder su identidad personal. Percibe entonces que la expropiación de la conciencia supone la muerte del hombre. Sabe que si al final acepta no ser culpable, su yo se diluirá en el sistema.*

Con la ayuda de Pepito Grillo, Pinocho va encontrándose poco a poco a sí mismo, y su conciencia, que forma parte de su ser desde el principio, va creciendo junto a él. Al final, el muñeco de Carlo Collodi se convierte en un niño real gracias a la ayuda del pequeño insecto.

6

ACTEÓN, EL CAZADOR CAZADO

La mayor desgracia de un cazador es morir a dentelladas de sus propios perros. Es lo que le ocurrió a Acteón. He aquí el mayor infortunio de un ser humano: no ser reconocido por los suyos. Y la fatalidad es doble, bilateral, pues uno no puede hacer nada por darse a conocer y los otros no pueden hacer nada para reconocerlo. El reconocimiento, no sólo social, sino también personal, adquiere suma trascendencia en el caso del hombre. Su falta significa nada más y nada menos que la muerte de la persona. Borges decía que "un hombre o una mujer mueren definitivamente cuando desaparece el último personaje que los ha conocido". Si nadie pronuncia mi nombre, es como si no lo tuviera.

Acteón, hijo de Aristeo y Autónoe, fue educado por el centauro Quirón. Este ser, mitad hombre mitad caballo, le enseñó el arte de la caza, llegando a convertir a Acteón en un experto cazador. Acompañado de su bien entrenada jauría y armado con su certero arco, no había presa que se le resistiera. Y tal era su afición por las cacerías que tenía los montes por morada. Por esta razón, pronto despertó los celos de Artemis, diosa de los bosques y la caza, quien veía en este mortal un serio competidor que conocía tan bien como ella los secretos de la Naturaleza.

Un día de tantos en que Acteón salió de cacería oyó a alguien tras unos matorrales. Alejó a sus perros y se acercó sigilosamente, como sólo él sabía hacerlo. Al llegar vio a una hermosa joven bañándose en el río. Impresionado por tal belleza cayó hacia atrás alertando a la bañista, quien desapareció al instante.

Acteón intentó ponerse en pie, pero se dio cuenta de que lo hacía a cuatro patas. Se miró las manos y descubrió dos finas pezuñas que se clavaban en la tierra. Horrorizado se echó las manos, que ya no eran tales, a la cara y notó un hocico prominente y peludo. Quiso gritar, pero prorrumpió en un berrido estridente que le asustó y que excitó a los perros, que comenzaron a ladrar alborotadamente. Torpemente comenzó a correr hacia el río. Allí no había nadie, sólo encontró su reflejo en las aguas: era el de un ciervo. No lo podía creer. ¡Acteón, el cazador, convertido en presa! Cuando levantó la pesada cabeza vio cómo se acercaban sus propios perros. Entonces comenzó a gritarles:

—"¡Soy yo, vuestro amo!"

Pero cuanto más gritaba, más aumentaba el timbre de sus balidos y más atraía a los perros. Intentó huir, pero se sentía torpe, pronto notó cómo se clavaban en su lomo y en sus piernas y en su cuello las fuertes mandíbulas de los adiestrados soldados que componían esa jauría enloquecida. Al cabo, cayó al suelo cubierto por sus propios perros. Seguía llamándolos, ahora a cada uno por su nombre, pero era inútil: continuaban sin descanso las dentelladas por todo su cérvido cuerpo. Al fin, un afilado colmillo, como una daga asesina, le atravesó la yugular y perdió el sentido. Allí dejaron los perros de Acteón su cuerpo exánime y fueron en busca de su amo. Recorrieron de cabo a rabo todo el bosque sin fortuna, hasta que murieron de fatiga y hambre.

Os preguntaréis quién era la hermosa bañista y por qué Acteón se convirtió en ciervo. Os lo diré: la joven a quien contempló bañándose en el río era la diosa Artemis que, al verse descubierta por un mortal, lo castigó transfigurándolo en ciervo. Porque ningún humano puede ver a un dios y seguir viviendo.

Sugerencias

Muchos mitos ponen de manifiesto la imposibilidad de contemplar a los dioses. La tradición judía también mantiene que nadie es capaz de ver a Dios cara a cara, si alguien Lo llegara a ver, moriría. Los dioses castigan con dureza la curiosidad humana, porque ella puede despertar la envidia y la soberbia. Pero cabe también otra interpretación: estos mitos que presentan la muerte de un humano que ha visto a un dios pretenden transmitirnos la inefabilidad y perfección de lo divino. La religión griega pecaba de exceso de antropomorfismo y estas leyendas vienen a contrarrestarlo: por más que nos imaginemos lo trascendente con forma humana (propio del politeísmo), la divinidad es espiritual.

*Pero lo que más me llama la atención de este mito es la forma elegida por Artemis para dar muerte a Acteón. La diosa no opta por causarle la muerte directamente, sino por robarle el reconocimiento. Le hace parecer lo que no es, convierte a Acteón en ciervo, al cazador en presa. Artemis sabe que cuando alguien pierde su identidad, el reconocimiento debido por los suyos, cuando un hombre deja de ser el que es, está muerto. Sin la referencia a los demás, la persona se transforma en mero individuo. Ni siguiera el animal más fiel, el perro, capaz de reconocer a Ulises disfrazado de mendigo tras 20 años de ausencia (*Odisea*, canto XVII), reconoce a Acteón. La falta de reconocimiento es el mayor de los males: uno se siente como el hombre invisible que gesticula sin parar para ser visto, pero resulta del todo imposible que los demás le vean; o como el protagonista de la película* Ghost *(J. Zucker, 1990), incapaz de tocar a sus seres queridos.*

Por lo dicho, el mayor mal que se puede causar a una persona es la difamación. Al calumniar a alguien le estamos quitando el reconocimiento de los demás, le estamos convirtiendo en lo que no es, estamos diciendo a los otros "éste no es lo que aparenta". En este sentido, se habla de "reconocimiento social" o de su falta. Si nuestras infamias y calumnias logran convertir a alguien en ciervo, como a Acteón, resulta muy difícil que llegue a ser reconocido. Cuesta mucho deshacerse de esa máscara que nos colocan los demás, sobre todo si está fraguada maliciosamente. Aun en nuestras sociedades pluralistas, libres y democráticas, tiene tal peso el reconocimiento, que no nos acaban de salir bien cuestiones tan esenciales como la reinserción social o la acogida de inmigrantes.

No sé si es sacar las cosas de quicio, pero en el mito de Acteón creo encontrar, salvando las distancias, un elemento imprescindible para definir a la persona humana: se trata de su carácter relacional. Cada persona se entiende sólo y exclusivamente en relación a otras (en este caso los otros son los perros), no como una isla, incomunicada. Esto significa que descubro que soy persona, que soy un "yo", ante otras personas, ante un "tú", porque en la absoluta soledad no existe el "yo".

Cuando llamamos por el interfono de nuestra casa y nos preguntan: "¿quién es?", nosotros solemos responder: "yo". Esta respuesta adquiere sentido porque hay alguien a quien hace referencia, porque existe alguien que nos espera o porque el "yo" que pregunta está en relación con el "yo" que responde (por eso nos abren la puerta). Si vamos a una casa ajena, donde no nos esperan, no responderemos de la misma manera; pero si, a pesar de todo, así lo hacemos, probablemente nos vuelvan a preguntar: "¿quién es?", porque no nos han reconocido. Esto significa que un "yo" sólo tiene sentido para otro "yo", para un "tú", que entra en relación con él.

Por desgracia, la historia de Acteón se repite sin cesar. Piénsese en el pobre Gregorio Samsa, el protagonista de La metamorfosis *de Kafka, que amaneció un día convertido en un gigantesco escarabajo. Gregorio Samsa no fue devorado por ningún perro, pero sí pisoteado por los demás.*

También se puede interpretar el mito de una manera más "pedestre", como lo hace Paléfato en sus Historias increíbles. *Según Paléfato, Acteón no se transformó en ciervo ni fue despedazado por sus propios canes, sino que simplemente se arruinó por su pasión por la caza y los perros. Esta interpretación que aquí llamamos "pedestre", Wilhelm Nestle la clasifica como "racional". ¿Habrá algún parentesco lejano entre ambos adjetivos? (Véase W. Nestle,* Historia del espíritu griego, *Ariel, Barcelona, 1975, p. 85.)*

7

DÁNAE, CÁRCEL DE BRONCE Y LLUVIA DE ORO

¡Cuántas veces el hombre se ha enfrentado al inescrutable destino! Por miedo al destino, Acrisio, padre de Dánae, la encerró en una cámara de bronce para preservarla del contacto carnal. Sin embargo, Zeus, primer servidor del destino, cayó sobre ella en forma de lluvia de oro y la doncella quedó encinta. Una fina lluvia de oro fue capaz de romper la cárcel de bronce que construyó el miedo a aceptar lo que está escrito. Nos protegemos con todo tipo de sistemas de seguridad, pero lo inevitable se filtra en nuestras vidas como el agua de lluvia en tierra reseca.

Acrisio, hijo y sucesor del rey de Argos, Abante, se casó con Eurídice, con quien tuvo una hija llamada Dánae. Pero Acrisio deseaba tener descendencia masculina, por lo que acudió al Oráculo para saber si los dioses le concederían un hijo. La voz del más allá le vaticinó que sería muerto por su propio nieto. Asustado por el fatal augurio y dispuesto a evitar que se cumpliera, mandó construir una cámara subterránea de bronce, donde encerró a Dánae. De esta manera, preservaba a su hija de todo contacto con el mundo y se aseguraba que no le daría el nieto que, según el Oráculo, acabaría con su vida.

Pero Zeus, seducido por la belleza de la joven prisionera y airado por la sacrílega actuación de Acrisio, cayó sobre Dánae en forma de lluvia de oro. De esta manera, la hija del rey concibió un niño mitad hombre mitad dios. Cuando Acrisio se enteró de que en la hermética cámara vivían Dánae y su hijo, ordenó matar a los guardianes, pues creyó que ellos habían permitido la entrada del amante de su hija, y encerró a la madre y al hijo en un cofre de madera que arrojó al mar. Las olas llevaron el cofre hasta la playa de Sérifos, donde Dictis ("dictíon" en griego significa "red"), hermano del tirano de aquella ciudad, Polidectes, rescató a Dánae y su hijo. Desde aquel momento, Dictis se convirtió en el protector de Dánae y Perseo, que así se llamaba el pequeño.

Cuando Perseo creció y Dánae le explicó su origen real, quiso conocer a su abuelo y planeó un viaje con su madre y su esposa Andrómeda. Enterado Acrisio de que su nieto viajaba hacia Argos y temeroso de que diera cumplimiento al Oráculo, partió para Larisa (Tesalia), al otro lado de Grecia. Acrisio se encontró con que en Larisa el rey Teutámides celebraba unos juegos en honor a su difunto padre. Allí se presentó Perseo para competir, de manera que el destino unió, sin saberlo ni uno ni otro, al abuelo y al nieto. En el transcurso de las competiciones deportivas, Perseo lanzó con fuerza el disco que, impulsado por un fuerte viento que se atizó instantáneamente, fue a parar en la persona de Acrisio, que se encontraba entre el público.

El disco (dicen que era de bronce) se clavó en el pecho del anciano rompiendo a la vez un collar de bolitas doradas que se desparramaron por el suelo como una lluvia torrencial de oro.

Sugerencias

Éste es uno de los muchos mitos griegos que hacen referencia al Destino. El paradigma de la fuerza del sino en el mundo antiguo es la tragedia de Edipo; sin embargo, la historia de Dánae, Perseo y Acrisio aporta un elemento importante: la actuación del padre de los dioses, Zeus, para lograr que se cumpla lo que establece el hado. La mentalidad griega tiene claro que nada, absolutamente nada, está por encima de los designios del Hado: ni siquiera los dioses, ni tan sólo el omnipotente Zeus, pueden obrar contra él. De tal manera esto es así que muchas veces la actuación de alguna divinidad en el curso de la historia no se debe al capricho de los dioses, sino a la necesidad de intervenir en la vida de los hombres para que se cumpla el Destino.

Siglos después, nosotros no creemos en el Destino, sino en la libertad y autonomía que tiene cada hombre para forjarse su propio futuro. No nos sentimos, como en tiempos pasados, abandonados en brazos del caprichoso hado. Al revés, cada vez vemos que somos más autosuficientes, por eso tenemos el afán de controlarlo todo. Hemos progresado científica y técnicamente de tal manera que en el hombre moderno anida un optimismo casi total. Poco a poco, hemos conseguido construir una cámara de bronce (deberíamos mejor decir de acero) que nos guarda de lo imprevisible, de lo negativo, de lo que nos molesta, etc.; sin embargo, la cámara hermética no puede evitar que penetre, de vez en cuando, una fina lluvia de oro que trastoca todos nuestros planes.

Los filósofos modernos nos han enseñado a preverlo todo ("Saber para prever y prever para poder", decía Comte), a construirnos una escafandra impermeable que nos permita vivir de manera autosuficiente. Pero la escafandra nunca acaba de ser hermética, siempre aparece una pequeña hendidura por donde entra el agua. Ocurre algo parecido con los coches. Cada vez son más seguros, cada vez cuentan con más y mejores sistemas de seguridad: ABS, airbag, llantas antideslizantes, barras de protección laterales, chasis indeformable... pero, cuando quiere, la muerte se cuela por cualquier rendija: por un sistema que no ha funcionado, por un olvido, por un fallo humano, por una pequeña casualidad...

Muchas personas no cuentan con esa lluvia de oro, simplemente porque no cuentan para organizar su vida con los designios de la divinidad. Entonces, al llegar el inevitable chaparrón, lo ven como un mar de desgracia, cuando no es sino una lluvia de oro que nos manda Zeus. Pero si tan tremendamente difícil resulta aceptar las tormentas agrias que los cielos nos envían, más difícil es verlas como lluvias de oro.

El genio Eurípides vio en este mito el asombroso poder de la riqueza. El dinero todo lo puede, incluso el padre de los dioses y de los hombres lo utilizó para seducir a Dánae. Por eso también resulta tan difícil ser impermeable al tremendo poder del oro.

Y el genio Cervantes nos previene contra la lluvia de oro en la historia de El Curioso Impertinente. *Anselmo, que está empeñado en probar si su esposa le es fiel, pide consejo a su amigo Lotario, quien intenta disuadirlo con muchos argumentos y ejemplos. Entre ellos, viene bien para este mito el consejo, en forma de poema, que esgrimió el prudente padre de una hermosa doncella:*

Es de vidrio la mujer;
pero no se ha de probar
si se puede o no quebrar,
porque todo podría ser.
Y es más fácil el quebrarse
y no es cordura ponerse
a peligro de romperse
lo que no puede soldarse.
Y en esta opinión estén
todos, y en razón la fundo;
que si hay Dánaes en el mundo,
hay pluvias de oro también.

Don Quijote de la Mancha, I, cap. XXXIII.

8

LA MIRADA DE MEDUSA

> En la superficie del hombre, lo más humano es la risa. Un poco más adentro, en el límite entre lo interior y lo exterior, se encuentra la mirada. Con una mirada se puede deshacer un argumento, se puede ganar una batalla, se puede transmitir lo que no se dice, se puede inventariar una biografía, porque la mirada delata los secretos del alma. Lo puro, lo perfecto, sólo lo podemos atisbar en el fondo de una mirada. Algunas miradas nos muestran la bondad infinita; otras la ternura más sublime o el odio en su inmensidad; algunas miradas están moduladas por el rencor, el perdón, la envidia, la pena, el dolor, la angustia en toda su pureza; otras, como la mirada de Medusa, nos presentan el tenebroso agujero del Mal.

Al cabo del tiempo, Perseo, el hijo de Dánae y Zeus, se convirtió en un joven fuerte y hermoso. Su padre putativo, Polidectes, estaba enamorado de su madre, pero no se atrevía a seducirla porque Perseo velaba por ella.

En cierta ocasión, Polidectes celebró un banquete al que invitó a sus amigos y a su hijo adoptivo. En el transcurso de la comida preguntó a sus convidados qué pensaban regalarle, y ellos acordaron obsequiarle con un caballo. Perseo, por su parte, dijo que, para agradecer cómo el rey les había acogido, le traería la cabeza de la gorgona Medusa.

A la mañana siguiente, todos los invitados al banquete del día anterior se presentaron ante Polidectes y le entregaron cada cual el mejor caballo de sus establos. Pero Perseo acudió con las manos vacías. El rey se rió de él y le amenazó diciéndole que si no le presentaba la cabeza de Medusa, se casaría con Dánae. El joven se lamentó por su imprudencia y salió de la ciudad sin rumbo, indignado y cabizbajo.

Al caer la noche, mientras descansaba bajo un árbol, se presentaron ante él Hermes y Atenea. La diosa le aseguró que lograría su objetivo si no cejaba ante la dificultad y utilizaba la astucia antes que la fuerza, y le entregó un escudo de brillante bronce. Hermes le entregó una hoz de un acero irrompible con la cual podría degollar a la gorgona. Los dioses le indicaron el camino para llegar hasta la morada de las tres Grayas, las cuales le podrían conducir hasta el escondrijo de las Ninfas, las únicas que disponían de las armas imprescindibles para derrotar a los terribles monstruos.

Perseo llegó a la morada de las tres Grayas, Enio, Pefredo y Dino, vetustas brujas, nacidas ya viejas, que compartían un único ojo y un único diente. Cuando se presentó ante ellas comenzó a dar vueltas a su alrededor, entonces, las curiosas ancianas, que querían ver al extranjero, se disputaban el ojo con tal apasionamiento que éste acabó rodando por el suelo. Así es como Perseo se apoderó de él. Después les dio frutas frescas y las tres magas se pelearon por el único diente que tenían. Al fin, se les cayó y se desesperaban porque no podían comer. Imploraron a Perseo que les devolviera el ojo para poder encontrar el diente y éste se lo devolvió cuando le hubieron indicado el camino que conducía a la oculta mansión de las Ninfas.

Las Ninfas acogieron a Perseo y le entregaron unas sandalias aladas, con las cuales podía volar, un zurrón llamado *kibisis*, tejido de manera que podía contener la cabeza de una Gorgona, y el casco de Hades, capaz de hacer invisible a quien lo llevara puesto. Con estos mágicos objetos Perseo llegó a la recóndita cueva de las Gorgonas.

En el extremo de Occidente encontró a las tres espantosas criaturas: Esteno, Euríale y Medusa. En el reflejo de su escudo vio que tenían serpientes por cabellos, colmillos de jabalí, manos de bronce y alas de oro. Perseo sabía que sus ojos echaban chispas y petrificaban a quien los miraba, así que utilizando el escudo como espejo se acercó a Medusa, que estaba durmiendo, y de un certero golpe la decapitó. Del cuello manó abundante sangre y surgieron el potro alado, Pegaso, y el gigante Crisaor. Sin mirar a los ojos del monstruo metió la cabeza en el zurrón y salió de la cueva.

Las hermanas de Medusa persiguieron a Perseo, pero éste se calzó las sandalias aladas y se cubrió con el casco de Hades. De esta forma pudo huir con el preciado trofeo.

Sugerencias

La mirada no es sólo el mirar, porque las hay que no miran a ninguna parte. Una mirada perdida puede indicar reflexión, ensimismamiento, terror, pasmo, obsesión, ternura, porque su sentido no procede del objeto mirado, sino del interior de quien mira.

La mirada está en las pupilas, pero no es pupila. Los ojos son las bóvedas por donde se asoma el alma a través de la mirada, pero tampoco la mirada son los ojos.

Hay miradas que dejan el corazón abierto de par en par, que enseñan lo más profundo. Por eso, en un cruce de miradas se pueden entablar relaciones tan íntimas, o más, que por medio de palabras.

Con una mirada se puede amar, seducir, herir, odiar, rechazar, buscar, llamar, delatar, someter y someterse, desafiar, ordenar, atemorizar, acercar... Bécquer estaba dispuesto a dar un mundo por una mirada, porque sabía que quien otorga el mirar deja escapar una parte de sí. Robar una mirada a la persona amada es como robarle parte de su intimidad, porque, como canta el poeta, "el alma que hablar puede con los ojos / también puede besar con la mirada" (Rima XX).

El mito nos alerta sobre la fuerza de la mirada, especialmente sobre la mirada del terror. Cuando vemos algo terrorífico nos quedamos petrificados, no sabemos cómo reaccionar, porque el miedo paraliza. De ahí que utilicemos expresiones del tipo: "muerto de miedo", "quedarse paralizado, helado o petrificado por el miedo", para expresar que la mirada de la Medusa nos convierte en estatuas de piedra. ¿Quién no se ha quedado de piedra, pegado a la butaca de un cine, durante la proyección de una película de terror?

El héroe no puede caer en la trampa, no debe mirar los ojos chispeantes del terror. Si sucumbe a la terrorífica mirada, quedará paralizado y su misión fracasará. El miedo (algunos toreros hablan de "respeto") le avisa y le estimula a la acción, en cambio, el terror lo desarma, lo deja frío, inactivo, como bajo los efectos de una hipnosis. Hay un paso entre el miedo y el terror, son la misma realidad con distinta intensidad, por eso, no es difícil traspasar el límite y pasar de héroe aclamado a simple hazmerreír.

Perseo, el héroe, camina entre dos aguas, sabe que en un descuido puede sucumbir a la mirada de Medusa y quedarse convertido en piedra. Sabe también que tiene que optar por el todo o nada, que debe arriesgarse (no hay heroicidad sin riesgo). Por eso, se las ingenia para poner los medios a su alcance y engañar al monstruo. Usa el escudo como espejo, no sólo con el fin de parar los golpes, sino también de devolverlos. Perseo es capaz de hacer un uso nuevo de un arma antigua, de adecuarla a las condiciones del enemigo, de tal manera que su astucia le salva. Es un héroe, no por su fuerza, sino por su inteligencia; no por ser inmune al terror, sino por haberle ganado la partida.

Hay miradas que nos dejan de piedra y que nos hacen perder la cabeza. Y es que una cosa lleva a la otra: al quedarnos de piedra nos resulta casi imposible reaccionar, no podemos pensar, se nos paraliza la razón. En el mito de Perseo y Medusa aparecen los dos fenómenos, lo que ocurre es que quien pierde la cabeza es la propia Medusa, cuya mirada petrifica a quien la mira. Al esquivar su mirada, Perseo no pierde la cabeza por Medusa, sino que es la Gorgona la que la pierde (el héroe la decapita).

En la misma línea racionalista de Paléfato, el mitógrafo Heráclito, en su obra Refutación o enmienda de relatos míticos antinaturales, *interpreta que Medusa fue una cortesana tan bella que seducía a todo aquel que la miraba, es decir, que al verla todos quedaban de piedra. Pero al conocer a Perseo, que no se fijó en ella, se enamoró de él tan locamente, que dilapidó sus bienes y arruinó su propia lozanía. Heráclito nos dice que de tal manera perdió la cabeza por el joven héroe que desatendió los cuidados de su caballo preferido y acabó perdiéndolo también. Esta historia explicaría cómo Perseo cortó la cabeza a la Gorgona Medusa y cómo de ella salió un caballo, el potro alado llamado Pegaso.*

Lo que le ocurrió a Medusa según la interpretación de Heráclito, les ocurre a las personas que están acostumbradas a dominar o seducir con su mirada, a que todos los que las miran queden petrificados, se postren a sus pies y estén a su merced. Generalmente no pierden la cabeza por los que caen en sus garras, sino justamente por los que no se dejan seducir. Un "don Juan" sólo pierde la cabeza por la presa que ha burlado su trampa, entonces pierde el control y se siente desfallecer porque su mirada no logra petrificarla. ¿Será por todo eso que cuando perdemos la cabeza se nos queda la mirada perdida?

9

EDIPO, O LA FUERZA DEL SINO

La tragedia entre las tragedias es la tragedia de Edipo, rey de Tebas. En él se encarnó la desgracia del ser humano, que está a merced del Destino; con él jugaron los hados su juego más perverso; en él hallan consuelo los gafes y desgraciados. Edipo, cuando conoció su desgracia, se arrancó los ojos para poder llorar con el alma.

Layo, rey de Tebas, acudió al Oráculo de Delfos porque su esposa Yocasta no le daba hijos. El dios de Delfos vaticinó la mayor desgracia:

—"Tendrás un hijo que te matará y se casará con tu mujer."

Horrorizado por la profecía volvió a Tebas, donde encontró a Yocasta encinta, pues había concebido antes de su marcha. De tan mala gana recibió la noticia que tuvo que contar a su esposa lo que tenía reservado el Destino para el hijo que llevaba en sus entrañas. Ambos decidieron deshacerse del niño en cuanto naciera. Llegado el día del parto, el rey Layo ordenó a su criado más fiel, Polifontes, que sacrificara a la criatura, pero el siervo prefirió entregárselo a unos pastores que iban camino de Corinto. Una vez en Corinto, los pastores lo entregaron a los reyes de esa ciudad, pues sabían que no podían tener descendencia. Pólibo y Peribea recibieron con júbilo al recién nacido, a quien cuidaron y educaron como si fuera hijo propio y a quien ocultaron su verdadero origen.

Cuando llegó a la edad juvenil, Edipo acudió a Delfos y consultó al Oráculo. Las palabras de la pitonisa fueron terribles:

—"Matarás a tu padre y cometerás incesto con tu madre."

Para evitar las desgracias de los que creía sus verdaderos padres, se desterró voluntariamente y no volvió a Corinto sino que se dirigió hacia Tebas. Cuando llegó a la llamada encrucijada de Megas, entre Delfos y Tebas, donde se pasa por un estrecho desfiladero, se encontró con dos viajeros que le insultaron exigiendo que se retirara del camino. Pero Edipo, encendido por los insultos y afligido por un profundo pesar, se enfrentó a los dos viajeros, tanto al criado como al que parecía ser su señor, dándoles muerte. Sin él saberlo, acababa de matar a su padre, Layo, el rey de Tebas, y al siervo que le salvó la vida, Polifontes.

Tras el incidente de la encrucijada huyó de aquellos parajes. Meses después volvió a tomar el camino de Tebas y, cuando se disponía a entrar en la ciudad, le salió al paso la Esfinge, un monstruo mitad león mitad mujer, que le propuso dos enigmas. Edipo había oído decir que quien no fuera capaz de resolver los enigmas era devorado por el monstruo. Así que intentó contener el miedo para poder pensar con nitidez y escuchó muy atento los dos enigmas.

La Esfinge preguntó en primer lugar:

—"¿Qué animal camina con cuatro patas por la mañana, con dos al mediodía y con tres al atardecer?"

Edipo meditó despacio y contestó:

"El hombre, porque cuando es niño todavía no camina, sólo gatea, cuando es joven y maduro camina con sus dos piernas, pero cuando se hace viejo se ayuda de un bastón."

El monstruo hizo un gesto de desagrado que significaba que el extranjero había dado con la solución.

Edipo quiso proseguir su camino, pero la Esfinge propuso el segundo enigma:

—"Son dos hermanas, una de las cuales engendra a la otra y, a su vez, es engendrada por la primera."

Edipo quedó pensativo a la vez que miraba a su alrededor por si encontraba alguna forma de huir. Todo estaba borroso porque había comenzado a caer la tarde, el sol se había puesto y las sombras de la noche empezaban a ganar terreno. El monstruo se impacientaba por la tardanza de la respuesta, deseoso de devorar una nueva víctima, pero el rostro de Edipo se encendió y gritó:

—"Las dos hermanas son el día ("*hemera*" es femenino en griego) y la noche: al amanecer es engendrado el día de la noche y al atardecer, como ahora, del día es engendrada la noche."

La Esfinge, horrorizada por las sabias respuestas, cayó de la roca donde se hallaba subida y recibió con presteza el filo de la espada de Edipo, quien la montó en su carro y entró con el monstruoso trofeo en la ciudad.

El nuevo héroe fue recibido en Tebas con todos los honores, pues había salvado a la ciudad del temible monstruo. Según un decreto de la reina, quien venciera a la Esfinge tendría derecho al trono y a casarse con ella. Es así como Edipo se convirtió en rey de Tebas y se desposó, sin él saberlo, con su propia madre. Yocasta y Edipo tuvieron cuatro hijos: Eteocles, Polinices, Antígona e Ismene.

Al cabo de los años, una peste asoló Tebas. El rey mandó a Creonte a Delfos para saber la causa de semejante plaga y trajo el siguiente mensaje de la pitonisa:

—"La peste no cesará hasta que no se haya vengado la muerte de Layo."

Con tal de averiguar quién fue el asesino del rey, convocó al vidente Tiresias que, aunque procuraba ocultar lo que sabía por su condición de agorero, poco a poco Edipo y Yocasta fueron adivinando su desgracia. Cuando al fin todo se aclaró, Yocasta se quitó la vida y Edipo se sacó los ojos con el prendedor de quien era su madre y esposa a la vez.

Sugerencias

Nadie quiere ser Edipo. El mito nos muestra lo que la naturaleza humana rechaza por encima de todo: el parricidio y el incesto. Sólo la "fuerza del sino" es capaz de empujar a un hombre a cometer semejantes atrocidades. El mito tiene que acudir a esa "fuerza" sobrehumana para aleccionarnos sobre una exigencia de nuestra propia naturaleza. Sin el recurso mítico al Destino, la historia no hubiera sido ni trágica ni siquiera creíble: un hombre, por propia voluntad, no incurre en tales acciones.

La tragedia de Edipo muestra el grado de conocimiento que los antiguos tenían de lo que el pensamiento clásico llama ley natural. Pero, entonces, ¿por qué el Destino juega con Edipo y reúne en él lo más oscuro y deshonroso? Quizá para convertirlo en la excepción y en la referencia de lo más inhumano que le puede ocurrir a un hombre. Este mito, con todas sus diferentes versiones, no es una creación de Sófocles (entonces no sería un mito), sino una leyenda antigua que pone de manifiesto el paulatino descubrimiento de los límites que tiene el obrar humano.

Es célebre la interpretación que hace Sigmund Freud de este mito. El llamado "complejo de Edipo" consiste en que el niño en la etapa fálica —entre los 3 y los 5 años— comienza a sentir impulsos sexuales ha-

cia su madre y, como consecuencia, sentimientos de odio (celos) hacia el padre, a quien ve como un verdadero rival. El niño siente miedo de desarrollar estos dos instintos, el incestuoso, por una parte, y el parricida, por otra, y acaba reprimiéndolos. Cuando la represión culmina, el complejo desaparece. Ahora, el niño se identifica con el padre o la madre, según el que haya influido más, y abraza sus valores, tanto estéticos como morales y religiosos. Estos valores conformarán lo que Freud llama conciencia moral *o* super-yo.

*Con todos los respetos y admitiendo el indudable valor de la teoría freudiana en el ámbito psicológico, creo que el psiquiatra vienés no interpreta correctamente el mito. Seguramente no sea esa su intención, sino que sólo pretendía buscar un nombre para el "complejo" que estaba estudiando. El mito de Edipo le vino como anillo al dedo, pero no consiguió desentrañar su sentido. Hay que recordar que el desgraciado protagonista no constituyó su conciencia moral o super-yo tras los conocidos acontecimientos, sino que se arrancó los ojos. Es decir, la conciencia moral ya la poseía, ya conocía las exigencias de la naturaleza (por eso le horroriza el vaticinio). Cuando uno se saca los ojos es porque lo que ha hecho choca frontalmente con lo que le dice su conciencia, y es incapaz de mirarse a sí mismo. Por eso afirma Albert Camus que "Edipo obedece primeramente al destino sin saberlo, pero su tragedia comienza en el momento en que sabe" (*El mito de Sísifo, *Alianza, Madrid, 1995, p. 160).*

Se considera el mito de Edipo como el paradigma de la tragedia griega. El desventurado Edipo está condenado a cumplir el Destino. Nadie, absolutamente nadie, puede impedir que se cumpla: incluso cuando intenta alejarse de su destino se acerca más a él. Por eso, los griegos consultaban con fe auténtica los oráculos. Nosotros, en cambio, no creemos en el Destino. Es verdad que seguimos consultando los horóscopos y visitando a los videntes, pero no lo hacemos con aquella fe ciega de los antiguos, sino con un poco de curiosidad y otro poco de estupidez. La curiosidad a la que me refiero es ese tipo de impulso que se siente cuando se ha oído un ruido en la noche y se quiere conocer su causa: uno se va acercando a hurtadillas al lugar del que procede, empujado por la expectación y frenado por el miedo. La estupidez consiste en obrar sin razones, en quitarle hondura y sentido a nuestro actuar, porque, en el fondo, no se cree en nada y todo da igual.

La tragedia griega nos enseña la virtud de la valentía absoluta. La cual nos hace marchar siempre hacia delante, nos impide mirar atrás, nos muestra que el pasado está en el futuro, que lo que vendrá es lo que tenía que venir y que no es posible el retroceso. Aquellos griegos que inventaron la tragedia y, sobre todo, aquellos que la llevaron a cabo, sabían que para conquistar nuevas tierras es imprescindible destruir cualquier esperanza de retirada. Quizá pueda sacarse de todo esto una moraleja vital: "sólo se llega a la verdad mediante el sufrimiento", arrancándose los ojos de la cara o la nostalgia del alma.

Se aconseja vehementemente leer el Edipo, rey *de Sófocles.*

10

NARCISO Y ECO, LA FLOR Y LA VOZ

Se puede decir que en nuestra época, tildada de neonarcisista y anoréxica por algunos pensadores postmodernos, la leyenda del bello Narciso y la ninfa Eco tiene una actualidad inusitada. Oigamos, con algunas variaciones, lo que cuenta Ovidio en sus *Metamorfosis*.

El dios del río Cefiso y la ninfa Liríope tuvieron un hijo al que pusieron el nombre de Narciso. Cuando nació, consultaron al adivino Tiresias sobre el futuro de su retoño, el cual les anunció que tendría una larga vida si evitaba contemplarse a sí mismo. Para prevenir que el niño viera su imagen en las aguas del Cefiso, sus padres decidieron separarse y Narciso se fue a vivir con su madre en un paraje lejos del río.

Narciso creció y se convirtió en un joven muy hermoso. Muchas doncellas se enamoraron de él apasionadamente, pero Narciso rechazaba su amor. Una de ellas fue la ninfa Eco, quien corrió la misma suerte. La joven no pudo resistir verse rechazada, pues tanta era la pasión que sentía por el joven. La desesperación le llevó a Eco a recluirse en las montañas, lejos de todo contacto con el mundo. La ninfa sólo pensaba en su amor y dejó de comer de forma que adelgazó tanto que quedó convertida en voz, capaz únicamente de repetir el final de las palabras que escuchaba.

Las jóvenes rechazadas clamaron venganza a Némesis, quien hizo que, tras una cacería, Narciso sintiera sed y se acercara a una fuente para beber. Al inclinarse sobre el agua contempló su propio reflejo y quedó enamorado de él. Tal fue el amor que sintió por aquella imagen, que se olvidó de todo y se quedó contemplándola hasta que pereció. En el lugar donde murió nació una flor a la que en su honor dieron el nombre de narciso.

Sugerencias

Muchas veces me he preguntado cómo debía de ser Narciso, cómo debía ser su rostro, qué tipo de belleza encerrarían sus rasgos. Muchas veces he intentado imaginarme la mirada de quien murió contemplándose a sí mismo. ¿Era un joven excepcionalmente bello o se trataba de una belleza que ningún mortal había conocido hasta entonces?

Yo me inclino por esta segunda posibilidad. La hermosura de Narciso no era la de un joven normal, ya que sólo era un reflejo. Todas las doncellas que lo contemplaban quedaban irremediablemente enamoradas, pero no de Narciso, sino de lo que él reflejaba, que no era sino la belleza ideal de ellas mismas. ¿Qué veían, entonces, las muchachas en el rostro de Narciso? No otra cosa que a ellas mismas sin ningún defecto, con una belleza ideal. Por eso no podían resistir ser rechazadas por Narciso, ya que lo eran, en el fondo, por la belleza a la que podían aspirar.

La ninfa Eco ejemplifica a la perfección la desesperación de quien no puede alcanzar lo que cree que debe ser su ideal. Eco ha sido rechazada, no puede verse reflejada en su ideal, por lo que se deja morir de hambre. Si sigue comiendo, si sigue viviendo, nunca llegará a la perfección. Ella sabe que lo que le impide llegar a esa be-

lleza perfecta es su propia corporalidad, por eso renuncia a su cuerpo y se queda con el reflejo que ha visto en Narciso. La única prueba de su existencia real es la voz que repite el final de las palabras que escucha. A Narciso le ocurre exactamente lo mismo, se enamora de su propio reflejo, del reflejo de su perfección, y queda paralizado y muere. La diferencia es que no queda convertido en voz, sino en flor.

Por desgracia, la historia de Narciso y Eco se repite muy a menudo en nuestros días. Miles de adolescentes, chicas en mayor proporción que chicos, se obsesionan con su figura, con su propia imagen. No se aceptan como son, sino que buscan obsesivamente la imagen que se han formado de sí mismos con la influencia de la moda, de los cánones de belleza que ensalzan la extremada delgadez y de una sociedad que sólo admite el éxito. En la búsqueda obsesiva de una imagen inalcanzable se dejan las carnes, quedando sólo su débil voz para repetir su desdicha.

Ovidio en su Metamorfosis *nos dice que las últimas palabras que pronunció Narciso al contemplarse por última vez fueron: "¡Ay, muchacho amado en vano!", que fueron repetidas por Eco. "Extenuado, continúa Ovidio, dejó caer su cabeza sobre la verde hierba; la muerte cerró aquellos ojos que admiraban la belleza de su dueño. Aun entonces, tras ser recibido en la mansión infernal, seguía contemplándose en la Éstige." Buscaron en vano su cuerpo y lo único que encontraron fue "una flor amarilla con pétalos blancos alrededor de su cáliz."*

Desde el punto de vista psicológico, el narcisismo se entiende como un trastorno de la personalidad. La persona narcisista se presenta como presuntuosa, esnob, mimada y explotadora, sobrevalora su importancia, dirige sus afectos hacia sí mismo, espera que los demás reconozcan su valor personal, es emocionalmente frágil, quiere ser el centro de atención y se comporta de forma exhibicionista. Freud no lo consideraba algo en sí mis-

mo patológico, sino una etapa de transición que debe superarse, de lo contrario sí que causaría problemas de vinculación con los padres, en un primer momento, y más tarde con la esposa.

Otro trastorno de la personalidad próximo al narcisismo es lo que se conoce como "síndrome de Peter Pan" desde que, en 1983, Dan Kiley publicara un libro con el mismo título. Según él, tal síndrome afecta a "los hombres que nunca crecieron" y se caracteriza por seis síntomas fundamentales: irresponsabilidad, ansiedad, soledad, conflictos relativos al rol sexual masculino, narcisismo y machismo. El "síndrome de Peter Pan" traduciría lo que tradicionalmente se llama inmadurez personal y el perfil de la persona afectada sería el siguiente: inadaptada socialmente, ocupada en la autoexaltación de su propio yo, necesita ser aceptada por los demás para poder llegar a aceptarse a sí misma, presenta miedo al compromiso y a la libertad, actúa como una eterna adolescente, se encuentra falta de valor y no encuentra ningún valor en los demás. (Véase el librito del psiquiatra Aquilino Polaino-Lorente: ¿Síndrome de Peter Pan? Los hijos que no se marchan de casa, *Desclée de Brouwer, Bilbao, 1999).*

Todo esto puede considerarse como un síntoma de la era narcisista en que vivimos (o neo-narcisista, por utilizar la expresión de Lipovetsky). Para Lipovetsky el impulso modernista hacia el futuro se ha agotado. La modernidad ha llegado a un estado de desencanto y monotonía de lo nuevo. El valor "cambio" sobre el que se funda la sociedad moderna se ha neutralizado en la apatía. "Los grandes ejes modernos —afirma el sociólogo francés en su ensayo La era del vacío *(Anagrama, 1986)—, la revolución, las disciplinas, el laicismo, la vanguardia han sido abandonados a fuerza de personalización hedonista; murió el optimismo tecnológico y científico." La gente ya no tiene confianza ni fe en el futuro, no cree en la revolución ni en el progreso, "la gente quiere vivir en seguida, aquí y ahora, conservarse joven y no ya forjar el hombre nuevo". Esta sensibilidad postmoderna que manifiestan las sociedades occidentales se puede calificar de "individualismo hedonista y personalizado", que en la actualidad se ha vuelto legítimo. "La sociedad postmoderna —concluye Lipovetsky— no tiene ni ídolo ni tabú, ni tan sólo imagen gloriosa de sí misma, ningún proyecto histórico movilizador, estamos ya regidos por el vacío, un vacío que no comporta, sin embargo, ni tragedia ni apocalipsis."*

Nos encontramos, según Lipovetsky, ante la segunda revolución individualista, en la que se lleva a cabo un paso del individualismo limitado al individualismo total, a un nuevo narcisismo. La cultura postmoderna amplifica el individualismo de tal manera que lo convierte en neo-narcisismo: "al diversificar las posibilidades de elección, al anular los puntos de referencia, al destruir los sentidos únicos y los valores superiores de la modernidad, pone en marcha una cultura personalizada o hecha a medida, que permite al átomo social emanciparse del balizaje disciplinario-revolucionario". Por eso, lo propio del nuevo individualismo no es tanto el solipsismo social, sino la ramificación e hiperespecialización de grupos sociales como agrupaciones de viudos, de alcohólicos, de tartamudos, de madres solteras, de padres con hijos anoréxicos, etc.

Esta característica de la cultura postmoderna, que se ha dado en llamar neo-narcisismo, es detectable, según Lipovetsky, por varios signos: búsqueda de calidad de vida, pasión por la personalidad, sensibilidad ecologista, abandono de los grandes sistemas de sentido, culto de la participación y la expresión, moda retro, rehabilitación de lo local, de lo regional, de determinadas creencias y prácticas tradicionales.

El hombre postmoderno, como Narciso, se queda contemplando su propio reflejo y se olvida de los ideales obsoletos de la modernidad.

11

EROS, EL ETERNO INSATISFECHO

Los latinos lo llamaron *Cupido* y en su imaginación vieron a un inocente niño alado que lanza saetas amorosas atravesando los corazones de los amantes. ¡Quién no ha grabado en el tronco de un árbol un corazón traspasado por una flecha! El llamado "flechazo" es una travesura infantil del dios del amor, pero que nos deja profundamente heridos. Para los griegos, en concreto para Platón, la historia de Eros explica la naturaleza del amor, entendido como deseo.

Fue un día venturoso, celebrado por todo lo alto en el Olimpo. De las olas, había nacido Afrodita, la diosa de la belleza. Los dioses y los astros se alegraron porque ahora podría surgir la poesía, la música, el arte. Para conmemorar semejante acontecimiento, Zeus ofreció un gran banquete al que fueron invitados todos los dioses. Corrió el néctar divino en abundancia y se llenaron las mesas de celestial ambrosía. La alegría se dispensó a raudales, todos eran felices al contemplar la Belleza misma, causa de todas las cosas bellas.

Sin embargo, alguien no se atrevió a entrar al banquete. Penia, la diosa de la Pobreza, avergonzada de su mísera condición, permaneció en los jardines del Olimpo sin osar mirar a la recién nacida. ¡Cómo iba ella a presentarse ante la Belleza con sus sucios andrajos! No quería ser el hazmerreír de aquellos divinos personajes que entonaban cantos estridentes y vociferaban al igual que sus protegidos humanos en las tabernas. La desgraciada Penia permanecía oculta entre el follaje considerando cómo mejorar su suerte. Sumida en sus pensamientos, no envidiosa sino resignada, se quedó dormida.

Entre los invitados al más suntuoso de los banquetes se encontraba Poros, el dios de la Abundancia. Lleno de joyas y anillos, vestido de seda y oro, orgulloso y petulante, quiso ser el centro de atención de la fiesta, como así lo tenía por costumbre. Pero el motivo de la celebración no le concedió tal privilegio, razón por la cual Poros bebió más de la cuenta y el néctar divino le llenó con sus brumas. Buscando aire fresco para disipar esas misteriosas sombras que danzaban dentro de su cabeza, salió al jardín. Su torpe caminar y sus gritos alertaron a Penia, quien vio al poco cómo el dios de la Abundancia era vencido por el del sueño. El sopor de la embriaguez le hizo dormir profundamente no lejos de donde yacía Penia. Fue entonces cuando la diosa vio la oportunidad de sacar provecho de la situación y de paliar en algo su miseria. Viéndolo dormir se acostó a su lado y entabló con Poros juegos amorosos que, aunque para el dios no salieron de sus sueños, para Penia y la historia fueron tan reales como el hijo que concibió. Eros fue el nombre que recibió la criatura, hijo de Poros y Penia.

Cuando creció, Eros preguntó a su madre por su origen y ella le contó su historia. Entonces comprendió el muchacho las inclinaciones de su naturaleza. Cuando supo que fue engendrado en el natalicio de Afrodita, entendió por qué vivía enamorado de la belleza. Y cuando conoció la identidad de su progenitor, se dio cuenta de su doble condición: rico y pobre a la vez, colmado y vacío, harto y hambriento al mismo tiempo. Su carácter dependía en partes iguales de su padre y de su madre, por influencia paterna estaba llamado a amasar grandes fortunas y a vivir siempre satisfecho, pero por su ascendiente materno, sabía que todo lo que consiguiera acabaría por escapársele de las manos, que nunca llegaría a alcanzar ni la riqueza ni la satisfacción plena. Lo veremos más adelante enamorado, en la historia de Psique.

Sugerencias

Eros es el eterno insatisfecho. Nunca se siente colmado y por eso siempre se encuentra necesitado. Eros es la personificación (o mejor, deificación) del deseo. Sus acólitos son muy numerosos en nuestros días y se caracterizan por tener la voluntad bajo mínimos.

Muchas actitudes ponen de manifiesto que el hombre actual tiene la voluntad bajo mínimos. La cultura del deseo ha calado tan hondo que está poco a poco expulsando al amor de sus dominios. No resulta exagerado afirmar que esa cultura ha suplantado a la del amor (podríamos considerar a Ágape el dios griego del amor). Por eso, cuando la chispa del deseo se apaga, nos vemos incapaces de avivar la llama del amor. Aquella chispa se enciende espontáneamente, pero se desvanece también con igual facilidad; sus ritmos son incontrolables y nos sentimos arrebatados por su fuerza. La llama del amor, empero, depende más de nuestro tesón y nuestros cuidados: la tenemos que alimentar día a día; si la dejamos apagar, ya no podremos volver a quemar las cenizas.

Nuestra voluntad ama, pero también desea; desea, pero también ama. ¿Qué es más importante: el amor o el deseo? Si ponemos por delante nuestros deseos, nuestras emociones y sentimientos, estamos reduciendo el amor a mero impulso, es decir, aunque nos lo parezca, no estamos amando. Si subordinamos —que no significa anular— nuestra vida emotiva a la serenidad del amor, seguramente que alcanzaremos la armonía. Porque los sentimientos y emociones (hijos de Eros) son medios, pero el amor es fin. Sin embargo, no hay que olvidar que tan importantes son los medios como el fin, ni tampoco que ellos se han de ordenar, por naturaleza, a él.

¡Qué confundidos estamos! ¡Qué desorientados nos hallamos dentro del laberinto sentimental! Pensamos que el deseo lo funda todo —evidentemente, mientras el deseo dura—, lo colocamos en el rango de los fines y, así, dejamos nuestra vida a la deriva, abandonada a los avatares del corazón. Muchos "expertos" en debates televisivos y radiofónicos, pseudoentendidos en casi todo y sabios en nada, asientan como verdad indiscutible que "el deseo humaniza"; por ejemplo, que un niño no deseado no es, hablando con propiedad, humano; o que una mujer o un hombre ya no deseados por su pareja se convierten, eo ipso, *en ex esposos.*

El agotamiento del deseo se ha instaurado como la razón que justifica muchos divorcios, muchas interrupciones de embarazos, muchas demandas de geriátricos, muchas "muertes dulces"... El deseo rige nuestras vidas y, por eso, vivimos a golpe de corazón, dejándonos llevar por las emociones, sin darnos cuenta de que no son buenas consejeras y dejándonos engatusar por su explosiva aparición y su momentánea intensidad. Entonces, cuando el deseo decae, toda nuestra vida emocional, que únicamente sobre él la habíamos construido, se viene abajo. Para cuando nos damos cuenta, ya no somos dueños de nuestras vidas, porque hemos dejado las riendas en manos de nuestros deseos.

Cuando decidimos seguir la ley del deseo, ponemos nuestra existencia en manos del azar; porque la única ley que rige el deseo es que el deseo no tiene leyes. Intentar entender *una actuación* justificada *por los sentimientos, las emociones o los deseos resulta tan difícil como solucionar un logaritmo por intuición.*

Desear no es ni bueno ni malo, pero dejarse llevar por nuestros impulsos, por muy nuestros que sean, es como conducir un coche con una venda en los ojos. No se trata de no desear nada, como pensaban los estoicos, sino, más bien, de no dejarse embaucar por la infinidad de lucecitas del deseo. Hay que saber renunciar a muchas y hay que saber también elegir las que nos ayuden a construir una gran luz que podamos mantener encendida durante toda nuestra vida. Las chispas del deseo duran muy poco, se extinguen con facilidad, por eso, el que se alimenta de ellas, o se convierte en un obsesivo coleccionista o acaba sumido en la oscuridad.

Pero ¡qué difícil es navegar por el mar de los sentimientos!, ¡qué trabajosa la labor de llevar la nave a buen puerto!, ¡qué complicado aprovechar los vientos propicios! Si arriamos velas, la fuerza del viento será inútil y el mar se tornará una masa densa, como una gelatina dulce y pegajosa. Cuando se tiene la voluntad bajo mínimos, cuando se confunde el amor con el deseo y la felicidad con el placer, resulta imposible, tanto izar las velas como aprovechar las corrientes emocionales que nos pueden arrastrar hacia la costa. Sin ese oleaje de pasiones, emociones y sentimientos, unas veces calmado y otras impetuoso, no seríamos humanos; pero sin el viento del espíritu que nos regalan los cielos, tampoco.

Esa voluntad bajo mínimos, que se mantiene encendida gracias al ardor del deseo, corre el riesgo de morirse de frío. Un corazón ardiente puede quedar petrificado como un bloque de hielo cuando el fuego de la pasión se apaga. Por eso, nuestra voluntad necesita un "líquido anticongelante", un combustible inextinguible y un fuelle siempre activo, para que no se enfríe el sentido de nuestra existencia. El ser humano desea, pero sobre todo necesita amar: salir de sí y dar, porque si se encierra en sí mismo, se enfría y muere. ¡Qué gran verdad aquella que afirma que lo único que no se pierde es lo que se da! No hace falta un amor platónico, sino el amor real que se construye sobre las emociones, pero que es capaz de volar por encima de ellas. Un esclavo del deseo es un eterno insatisfecho.

12

PSIQUE, LA BELLEZA DEL ALMA

"Psique" significa "alma" en griego. La tradición popular la imaginaba como una mariposa que se escapaba del cuerpo después de la muerte. De una belleza sobrehumana, Psique sólo se manifiesta tímidamente en el rostro (de ahí que se diga que la cara es el espejo del alma). Por su divina hermosura, no puede ser amada por ningún mortal, sino sólo por Eros, el dios del amor. La leyenda de Psique nos la ha transmitido Apuleyo en *Las metamorfosis*.

Psique era hija de un rey. Tenía dos hermanas muy bellas, pero la belleza de Psique sobrepasaba con creces la de sus hermanas, era, en cierto modo, sobrehumana. A pesar de ello, sus hermanas pronto fueron solicitadas en matrimonio y se casaron. Pero nadie se casó con Psique, tal era su belleza que ningún mortal osó desposarla.

Pasó el tiempo y Psique seguía soltera. El padre, desesperado al ver a su hija solitaria, acudió al Oráculo en busca de consejo. El dios del Oráculo le dio instrucciones precisas: debía vestir a su hermosa hija de novia y dejarla abandonada en una montaña, entonces vendría un monstruo y se la llevaría con él; ése era el Destino. Como los antiguos creían firmemente en las palabras del Oráculo, siguió sus indicaciones y, en doloroso cortejo fúnebre, acompañó a la "novia" hasta su triste destino. Con gran dolor la abandonó allí expuesta a los peligros de la noche y al cumplimiento de lo que estaba escrito.

En vano esperó angustiada la doncella, las sombras de la noche la envolvieron, pero el monstruo no comparecía. Entonces se levantó un fuerte viento, el Céfiro, que la elevó por los aires y la llevó a una mansión de mármol y oro. Allí escuchó voces que se presentaron como sus sirvientas, allí las puertas se abrían a su paso, hasta que llegó al dormitorio. Cuando anocheció notó la presencia de alguien a su lado: era su marido, del que había hablado el Oráculo. Pero, aunque no podía verlo, no le pareció un monstruo. El extraño le habló muy dulcemente y le advirtió que no intentara ver su rostro. Durante el día quedaba Psique sola con las voces en el palacio, por la noche recibía a su amado de quien no conocía el semblante, sólo sus caricias y su dulce voz.

Día tras día, la felicidad de Psique iba en aumento, pero echaba de menos a su familia. Intuyendo la melancolía de su amada, el desconocido marido le preguntó por su pesar. Ella le confesó que era feliz, pero le pidió que le permitiera ir a visitar a sus padres y a sus hermanas, prometiéndole que después volvería junto a él. El marido, siempre preocupado por la dicha de su amada, le concedió su deseo.

Psique pasó un tiempo con su familia y contó a sus hermanas con qué atenciones y riquezas vivía en su palacio y el secreto de su esposo. Ellas, sintiendo envidia por su suerte, le convencieron para que escondiera una lámpara en su habitación y la encendiera cuando su marido dormía, de esa manera se daría cuenta de que vivía con un horrendo monstruo. También la convencieron para que llevara oculto un cuchillo con el que podría matar al ser que yacía a su lado.

Al volver Psique a su palacio, hizo lo que sus hermanas le habían indicado: ocultó la lámpara y el cuchillo tras un velo negro, y, cuando el esposo dormía, retiró el velo y, para su sorpresa, descubrió un apuesto joven. Pero una gota de aceite cayó sobre el hombro del esposo, quien despertó y, al verse descubierto, desapareció para siempre.

El joven era Eros, el dios del amor, que había recibido el encargo de Afrodita, envidiosa de la belleza de Psique, de traspasar con sus saetas a la doncella, con el fin de que quedara irremisiblemente prendada de todos los hombres más indeseables. Pero Eros, al ver a Psique, quedó perdidamente enamorado de ella y se la llevó a su morada.

Una vez abandonada, Psique cayó en manos de Afrodita, quien la sometió a arriesgados trabajos. Uno de ellos consistió en descender al averno para traer en una caja la belleza de Perséfone. La joven no debía abrir la caja, pero vencida por la curiosidad la abrió y quedó profundamente dormida. Pero Eros seguía enamorado de Psique y la despertó de un flechazo. Entonces suplicó a Zeus que la convirtiera en diosa para poder casarse con ella. Zeus concedió la inmortalidad a Psique y goza ahora la compañía eterna de su amado.

Sugerencias

En el mito de Psique hay muchas similitudes con la naturaleza del alma humana. Nuestra alma habita en un cuerpo mortal, pero ella es inmortal. Tiene una belleza muy superior a la corpórea, pero que no se puede ver con los ojos. La belleza del alma, de la que hablan tantos filósofos, poetas y místicos, es sobrehumana, porque el alma está llamada a hacerse divina. El alma, como Psique, no tiene un destino mundano, sino que está reservada para un dios: tal es su hermosura que sólo la puede poseer el dios del amor, Eros.

En el palacio de Eros, los amantes no pueden verse, porque lo exterior no tiene importancia, no cuenta para el amor verdadero. Pero el alma añora los sentidos y quiere estar entre los suyos, quiere ver a su amado. Entonces, Psique enciende la lámpara. El deleite de los sentidos dura unos segundos y toda la felicidad se desvanece para siempre. Desde aquel momento, el alma queda prisionera de los caprichos de la belleza externa, esclava de las veleidades de lo sensible. Movida por la envidia y la curiosidad, destapa la caja que guarda una belleza menor que la que ella posee sin saberlo. El castigo por haberse deshonrado a sí misma es el sueño.

Un alma dormida sólo puede ser despertada por un dios (o por un príncipe, según el cuento de los hermanos Grimm). Entonces aparece radiante de belleza, convertida en divina mariposa. Bien lo sabe el poeta que, ante la tumba de su amigo Platero, observa cómo "una leve mariposa blanca, que antes no había visto, revolaba insistentemente, igual que un alma, de lirio en lirio" (Juan Ramón Jiménez, Platero y yo*).*

Puede leerse, si el tiempo lo permite, el libro de C. S. Lewis: Mientras no tengamos rostro *(Rialp, 1992).*

13

FAETONTE, LA BÚSQUEDA DEL ORIGEN

> Algunos *mitógrafos* se imaginan a Faetonte niño jugando con sus amigos; en mitad del juego se produce una pelea, los demás chicos comienzan a insultarle, se burlan de él porque no tiene padre y vuelve a su casa llorando. La crueldad de los niños puede llegar a ser como una afilada daga que llega hasta lo más profundo. Faetonte, desconsolado, explicaría a su madre lo sucedido y ésta, con gesto amoroso, lo consolaría en su regazo. Pero Faetonte creció y ya no fueron suficientes las dulces palabras de su madre, ahora necesitaba conocer su verdadero origen. Para ser él mismo, debía buscar su verdadera identidad.

El Sol, el cochero del carro de fuego que recorre cada día el cielo de oriente a occidente, se enamoró de la bella oceánide Clímene. Una noche la invitó a su palacio de cristal, que está más allá del horizonte y donde siempre es de noche. Ambos se amaron apasionadamente y decidieron no separarse jamás. Durante el día, mientras su amado recorría la tierra con su carro, iluminando y calentando todos los confines del mundo, Clímene aguardaba su regreso ocupada en su propia dicha. Así pasaron los meses y en todo ese tiempo la joven, que cada noche yacía junto al señor de la luz, no salió de las tinieblas.

Pero ocurrió que Clímene quedó encinta. Cuando nació su hijo, al que pusieron por nombre Faetonte, la madre entró en una profunda depresión, pues no quería que el pequeño creciera sin ver la luz. Así que habló con el Sol y le expresó su preocupación. Con inmenso dolor tomaron la decisión de separarse: Clímene y Faetonte vivirían incógnitos en una pequeña ciudad de Grecia, mientras que el rey del cielo seguía iluminando el día y pasando solitario las noches. Cada amanecer, Clímene y Faetonte salían a la calle y se dejaban acariciar por los primeros rayos del Sol, de esta forma el padre saludaba a su amada y a su hijo.

Faetonte fue creciendo con la idea de que el Sol era su verdadero padre, según se lo había dicho Clímene. Pero cuando llegó a la adolescencia quiso una prueba de su origen y solicitó al Sol que le dejara conducir el carro de fuego. El padre no se negó a cederle las riendas, pero le advirtió que el viaje era difícil y que sería mejor que esperase a tener más experiencia. Pero Faetonte estaba ansioso por ocupar el sitio que legítimamente le correspondía, así que convenció a Eos, la Aurora, hermana del Sol y tía suya, que le dejara montarse en el carro de fuego antes de que despertara su padre. La Aurora accedió y el joven empuñó las bridas.

Cuando los caballos sintieron tensarse las riendas, comenzaron a trotar creyendo que era su amo quien había montado. Faetonte sintió miedo y atizó sin querer a los corceles, quienes empezaron a galopar. Sin remedio, el joven se encontró conduciendo el carro del Sol a una altura inusitada. Desde allí veía toda la tierra iluminada bajo su vista y por encima la negra bóveda celeste. Pero ocurrió que, al contemplar a los animales que representan los signos del zodíaco, sintió pánico. Rápidamente hizo descender el carro de fuego en la zona de Etiopía, donde casi abrasa la tierra, dejando a su paso grandes desiertos y tostando la piel de sus habitantes. Como pudo, dio un golpe de rienda y los caballos comenzaron a ascender. Pero tampoco logró controlarlos y se alejó demasiado de la tierra, produciendo la congelación de las zonas del norte.

Previendo un desastre, los astros se quejaron a Zeus, quien fulminó a Faetonte. El joven cayó muerto en el río Erídano. Según algunos, sus hermanas, las Helíades, recogieron su cuerpo y lloraron sin cesar, fue tal su tristeza que quedaron convertidas en álamos y sus lágrimas en gotas de ámbar.

Sugerencias

El ser humano necesita conocer su origen. Se ve claro en los casos de adopción. Llega un momento, generalmente en la adolescencia, que es cuando se está constituyendo la personalidad, que los hijos adoptados quieren saber la verdad sobre su origen. Suele ser un tema complicado, ya que un chico o chica tiene que enfrentarse, de buenas a primeras, con la verdad sobre su origen. Explicar a quien te considera verdadero padre o madre que en realidad sus padres son otros resulta cuando menos embarazoso.

Se ha discutido si sería mejor no informar a los hijos adoptivos sobre sus verdaderos padres y mantenerlos engañados para siempre, o si es mejor decírselo, aunque también es tema de discusión si sería mejor comunicárselo cuanto antes o al llegar a una edad determinada. El primer caso se daba antaño cuando la misma sociedad angostaba las estructuras familiares. Ahora, en cambio, parece más racional y más humano informar a los hijos adoptivos sobre su origen. Las razones son muchas: procurar que no se entere por otros medios, evitar que viva en una continua mentira, salvaguardar el derecho que tiene a conocer a sus padres biológicos. Pero existe una razón más radical: el ser humano necesita conocer su origen, o lo que es lo mismo, reconocerse en su origen.

Nada más y nada menos es lo que se propone Faetonte. El joven hijo del Sol y de Clímene abandona su hogar para buscar a su padre. Cuando lo encuentra no se conforma con eso, sino que le pide una prueba, porque quiere reconocerse en su origen. La prueba consiste en conducir el carro del Sol, es decir, hacer lo que su padre solía hacer. Sólo si Faetonte es capaz de surcar la bóveda celeste con el carro de su padre se verá reconocido en su origen, sabrá entonces cuál es el sentido de su vida.

El asunto no es meramente anecdótico, no se trata del típico capricho juvenil, del chaval que quiere conducir el coche de su padre, sino de algo mucho más serio, tan serio que a Faetonte le cuesta la vida.

14

EL RAPTO DE PERSÉFONE

Cuando nos dejamos deleitar por *Las Cuatro Estaciones* de Vivaldi asistimos al misterio de la vida, prestamos oídos a las entrañas de la naturaleza. Esas cuatro doncellas que modulan el año y desfiguran la monotonía de los días, hacen posible la riqueza, la variedad y el esplendor de la tierra. El tiempo, vetusto amo de los días, no es una línea recta, pulida y homogénea, sino un trazo ondulante como los pentagramas de Vivaldi. Una fina lluvia de negras, corcheas y fusas hace posible la melodía, como el relevo sin fin de las estaciones da vida a la vida. Este misterio, en el que nos inicia la música, fue explicado por los antiguos griegos gracias al mito de Deméter y Perséfone.

Perséfone era hija de Deméter, diosa maternal de la tierra, protectora de los campos y los cultivos, señora del trigo y de todas las hortalizas. En la antigüedad más remota era muy venerada, ya que gracias a su amparo se producían las cosechas, reverdecían los campos y crecían los frutos. Deméter era hija de Crono y Rea, hermana por tanto de Zeus, por quien fue seducida y concibió una hermosa hija, llamada Perséfone.

La niña creció y se convirtió en una hermosa joven, risueña y feliz, que correteaba por los trigales junto a su madre. Pero la doncella fue deseada por Hades, el señor del mundo subterráneo, que era su tío, por ser hermano de Zeus y Deméter. Hades solicitó a Zeus la mano de su hija, quien, sin contar con el permiso de Deméter, se la concedió. El rey de los dioses y de los hombres hizo que Perséfone se alejara de su madre y fuera al lugar preparado por Hades para su rapto. La doncella jugaba inocentemente cuando se abrió la tierra y el dios de los abismos se la llevó consigo.

Cuando la madre se percató de la desaparición de su hija, la buscó desesperadamente. Deméter se olvidó de sus divinos cometidos y se lanzó en su búsqueda. Recorrió los confines del mundo inútilmente hasta que supo por boca del propio Zeus que había sido raptada por su infernal tío y vivía junto a él en el mundo subterráneo.

Con la osadía que otorga el amor de madre descendió a los infiernos y se presentó ante su hermano.

—"Desgraciadamente, hermana mía —le dijo Hades—, tu hija no puede volver porque no ha guardado ayuno, y ya sabes que el que come en las mansiones de aquí abajo no puede regresar al mundo de los vivos."

—"Dices eso para que me resigne y acepte este furtivo matrimonio —respondió Deméter—, pero has de saber que no desharé mi camino si no llevo a mi hija conmigo."

—"Te repito que eso es imposible —volvió a decir Hades—. Tu hija ha roto el ayuno y debe permanecer aquí por siempre. Mira, éste es quien puede testificar que Perséfone comió. ¡Ven, Ascálafo!"

Ascálafo, hijo de la Ninfa de la laguna Éstige, se acercó y dijo:

—"Con mis propios ojos vi cómo Perséfone comió un grano de granada."

Una mirada de odio salió despedida de los ojos de Deméter y atravesaron los del joven Ascálafo, quien al punto quedó convertido en lechuza.

Deméter suplicó a Hades que le dejara siquiera ver a su hija, pero su petición fue rechazada. Tuvo que regresar a la tierra, donde lloró amargamente. Con el alma partida, se retiró a un paraje solitario y se sumió en una profunda tristeza.

Al cabo de un tiempo, los hombres comenzaron a suplicar ayuda a Zeus, pues la tierra había quedado estéril y ni los árboles ni los campos producían sus frutos. El dios comprendió que la causa de tantas desgracias se debía a que Deméter, traspasada por el dolor, había dejado la tierra sumida en un perpetuo invierno. La única solución pasaba por convencer a Hades de que dejara libre a Perséfone.

El propio Zeus se personó en el averno y ordenó a su hermano que dejara libre a Perséfone. Hades explicó que eso era del todo imposible, ya que la joven había roto el ayuno, lo que impedía, por una ley antiquísima, retornar al mundo de los vivos. Zeus conocía la ley, pero logró un pacto con su hermano: la mitad del año Perséfone permanecería con él en las mansiones subterráneas y la otra mitad con su madre recorriendo arboledas y sembrados.

A Deméter el pacto, si no justo, le pareció satisfactorio. A partir de entonces, seis meses permanecería triste e inactiva esperando que llegase el día de abrazar a su hija. Los seis restantes se llenaría de felicidad y transmitiría su júbilo a los campos sembrados, a los árboles frutales y a la naturaleza entera. A fin de que el tiempo con Perséfone le fuera más provechoso, el Sol le obsequiaba con días más largos, cálidos y luminosos.

Cada vez que Perséfone abandonaba las grutas del tártaro la naturaleza entera despertaba de su letargo y se llenaba de flores y frutos, de hojas y de trinos. Pero cuando llegaba el día de regresar allá abajo, los árboles comenzaban a llorar hojas y el paisaje se vestía de colores melancólicos. Los hombres araban los campos y se refugiaban a la lumbre del hogar contando historias y esperando nuevamente la liberación de Perséfone.

Sugerencias

Luego llegaron los astrónomos y los astrofísicos, que mirando al cielo con monóculos gigantes, dieron una explicación racional, científica, del cambio de las estaciones, cuantificaron la primavera y sometieron a leyes matemáticas las siembras y las cosechas. Ahora, elipses invisibles rigen la cadencia geométrica de las estaciones, un determinismo físico mueve los hilos de los corazones enamorados, un gran reloj construido por la ciencia marca los equinoccios y los ciclos de la vida.

Los festejos para recibir a Perséfone, para agradecer las cosechas o despedir el verano han perdido el sentido. ¿Por qué celebrar lo inevitable?, ¿a quién solicitar amparo?, ¿acaso festejamos cada vez que funciona correctamente nuestro ordenador? No, en todo caso nos enfadamos cuando no lo hace.

Podemos pensar que el rapto de Perséfone fue sólo un mito, que los antiguos eran unos ignorantes que tenían que inventar historias para explicar lo que su nesciencia consideraba un misterio y la ciencia actual una simple ley del universo. Pero ¿qué diferencia hay entre la explicación mítica y la científica?, ¿no es el resultado el mismo: el compás exacto de las estaciones? Ni mucho menos. La actitud de quien confía a los dioses el fruto de sus sudores no es la misma que la de quien conoce las leyes que rigen la naturaleza. El primero implora protección para sus cosechas, siembra y espera. El segundo maneja las leyes para sacarles el mayor partido.

Son dos actitudes diferentes que abocan en distintas formas de vivir en el campo. La primera se podría considerar tradicional, mientras que la segunda es una forma de explotación. Los tiempos modernos, o mejor, aquella mentalidad manipuladora a la que he aludido, han transformado la forma de vida rural. Y no es que la for-

ma tradicional desconozca las leyes de la agricultura (de lo contrario no sería tal), porque hay agricultores que "saben" más que los ingenieros agrónomos; sino que existe un respeto por la naturaleza que no hay en la actitud, podríamos llamar, tecnológica.

La diferencia creo que está en que el agricultor, vamos a llamarlo así, conoce las leyes, las sigue y las respeta, no pretende dominarlas, porque sabe que la naturaleza tiene sus caprichos, como si de una joven que corretea, como Perséfone, se tratara. En cambio, el agrónomo, por llamarlo de alguna manera, quiere dominar las leyes que ha descubierto, él tiene la tecnología adecuada (abonos, insecticidas, hormonas, maquinaria...) para obligarle a la naturaleza a dar lo que se le pida. Por eso el agricultor reza y el agrónomo estudia. Por eso, la reserva espiritual que representaban las gentes dedicadas a la agricultura está comenzando a reducirse, por cuanto va aumentando la tecnificación del campo, la mentalidad explotadora y la confianza en las fuerzas propias.

Creo que quien mejor vio lo que quiero decir fue Martin Heidegger en su conferencia pronunciada en 1953, titulada "La pregunta por la técnica". En dicha conferencia analizaba el sentido de la técnica moderna e intentaba descubrir y comprender la esencia de la técnica. Vamos a ver qué nos aporta la visión de Heidegger.

El pensador alemán comienza dejando claro que la técnica no es lo mismo que la esencia de la técnica, es decir, que su esencia no es nada técnico, sino metafísico. Establecido esto, queda justificada la pregunta por la técnica, ya que, por ser su esencia algo metafísico, la técnica no se reduce a un conjunto de instrumentos o sofisticados aparatos, sino que tiene un sentido más allá de ella. Los objetos técnicos son solamente manifestaciones de esta esencia metafísica de la técnica. Heideg-

ger quería decir que para entender la esencia de la técnica hay que mirar más allá de sus manifestaciones: una nave espacial o un automóvil son objetos técnicos, pero no la esencia de la técnica.

La técnica para los griegos era un modo del "producir" (poiesis) *en un sentido amplio, incluyendo no sólo producción de artefactos técnicos, sino, sobre todo y especialmente, objetos artísticos. También la Naturaleza* (fisis) *era un "producir" en el más elevado sentido. La diferencia estriba en que la Naturaleza es un "producir" desde dentro y la técnica un "producir" desde otro, desde el artesano o artista. Pero en ambos casos se trataba de un "producir-desvelante", es decir, de un "producir" que daba lugar a la verdad, entendida como* "aletheia", *como desvelamiento o desocultamiento. Por tanto, para los griegos la técnica era un modo de acceder a la verdad, una forma de desocultar que imitaba a la naturaleza.*

Pero a partir de la Edad Moderna la concepción de la técnica ha cambiado y se ha convertido en tecnología. Aunque Heidegeer no utiliza la palabra tecnología, distingue perfectamente entre la "técnica antigua" y la "moderna técnica". Así, cuando habla de "técnica moderna" se está refiriendo a lo que nosotros llamamos tecnología o tecnociencia.

Lo característico de la técnica moderna será que ese desocultar que le es propio será entendido como un provocar. *"El desocultar imperante en la técnica moderna —dice Heidegger— es un provocar que pone a la Naturaleza en la exigencia de liberar energías, que en cuanto tales puedan ser explotadas y acumuladas." La técnica entendida como una provocación a la Naturaleza no sólo transforma la relación entre el hombre y el medio, sino también el propio desvelamiento de la realidad. En esa actitud provocante la realidad no se presenta (no se desvela, revela o desoculta) tal y como es, sino como "reserva-disponible", como una gran estación de servicio o un enorme supermercado. El hombre, desde esta mentalidad tecnológica, accede al mundo, a la Naturaleza, para coger algo y transformarlo.*

El pensador alemán pone varios ejemplos que ilustran el cambio de mentalidad que supone la técnica moderna como un provocar a la Naturaleza. Si accedemos a una montaña para la extracción de carbón, la montaña se nos desoculta como una región carbonífera, no como montaña. Lo mismo ocurre en la agricultura. Para el labrador que después de preparar la tierra y sembrar (con medios técnicos, lógicamente), abandona las simientes a las fuerzas del crecimiento y cuida su germinación, el campo se le desoculta aún como Naturaleza; en cambio, para el agrónomo, como lo hemos llamado antes, que provoca al campo para que produzca (con medios técnicos y mentalidad tecnológica), la tierra se le desoculta como una "industria motorizada de la alimentación", en palabras del propio Heidegger.

La técnica moderna no sólo hace que se entienda la montaña o el campo como reservas-disponibles, sino que se use al propio hombre como "material humano", por ejemplo, dice Heidegger, cuando se habla de "material enfermo de una clínica". Desde un punto de vista técnico todo se revela como disponible y en este sentido se desvirtúa el sentido de lo real.

Por ello, ese desocultar provocante que transforma todo en disponible (y que ello mismo no es técnico) es la esencia de la técnica. Por eso, la esencia de la técnica se encuentra ya en la esencia de la ciencia moderna. Heidegger advierte que, aunque es verdad que la técnica moderna surge dos siglos después de la ciencia moderna, en su origen la ciencia moderna encierra ya la esencia de la técnica. Esto quiere decir que a pesar de que las manifestaciones técnicas surgieran con posterioridad, la mentalidad tecnológica estaba ya en el origen de la nueva ciencia. Concebir la física como una forma de provocación matemática a la Naturaleza es ya una ma-

nera de actuar tecnológica. Heidegger afirma: "La teoría física moderna de la naturaleza es la que prepara el camino no sólo de la técnica, sino también de la esencia de la técnica moderna."

Según Heidegger, cada época tiene una forma de desocultar el ser, de acceder a la verdad. En la nuestra, es la técnica. Por tanto, la técnica es el destino de nuestra época. Destino que no solamente se convierte en peligro, sino en el peligro, pues la técnica no permite que el hombre acceda a la esencia de lo real, ya que le presenta el mundo como lo dispuesto, lo utilizable, lo lleno de materia prima: ver la Naturaleza como una fuente de energía impide llegar a la comprensión de su esencia.

Este peligro pone en peligro al propio hombre. La mentalidad tecnológica, al no poder concebir las cosas como objetos sino como cosas disponibles, hace que el propio hombre sea concebido como disponible. El mundo pierde su carácter de objeto y pasa a convertirse en una especie de producto humano. De esta manera, se ignora la esencia de la realidad y la del hombre mismo. El ser humano se encuentra, entonces, atrapado por las consecuencias de la provocación de la técnica. Por eso, afirma Heidegger que "la más peculiar amenaza se ha introducido ya en la esencia del hombre", incapaz de "retrotraerse a un desocultar más originario y así negarse a experimentar el aliento de una verdad más inicial".

Al final de su conferencia, Heidegger intenta una salida mentando dos versos de Hölderlin: "Pero, donde yace el peligro / crece también lo salvador". Estos versos significan que la misma esencia de la técnica encierra su propia salvación: "La esencia de la técnica —afirma el pensador alemán— alberga en sí lo que nosotros menos podríamos presumir, el posible surgimiento de lo salvador." Llegados a este punto, lo que tenemos que hacer es mantener siempre a la vista, con una actitud humilde y confiada, el peligro más extremo; es decir, debemos velar el surgimiento de la salvación. Para Heidegger, la salvación vendrá de la mano de un ámbito emparentado con la esencia de la técnica: el arte.

Quizá para velar el surgimiento de la salvación por el arte que propone Heidegger nos venga bien contar una vez más el mito de Deméter y Perséfone, y, por qué no, escuchar Las Cuatro Estaciones *de Vivaldi.*

Los mitos, al igual que la filosofía, ofrecen modelos interpretativos de la realidad. Pero, mientras que el filósofo accede racionalmente a esos modelos y los expone de manera racional, el hombre arcaico que creó los mitos llega a ellos por una especie de inspiración y los vierte en narraciones llenas de elementos fabulosos. Se puede decir que los modelos que nos transmiten los mitos son tan legítimos como los que nos ofrece la filosofía, lo que ocurre es que la mitología carece de la elaboración racional que es propia de aquélla. Los mitos nos informan de verdades esenciales para el hombre, pero lo hacen mediante rudimentos simbólicos que muchas veces las ocultan.

El mito de Perséfone, hija de Deméter, es un ejemplo de cómo la mitología, con todo su bagaje simbólico da razón del cambio de las estaciones. Si nos fijamos únicamente en los elementos fabulosos, esta narración es cualquier cosa menos una explicación de un fenómeno que, desde la racionalidad científica, es meramente físico. Pero si prescindimos de la narración en sí, advertimos una verdad fundamental: el paso de las estaciones es fijo y responde a una cadencia de vida (primavera y verano) y muerte (otoño e invierno). Para el hombre antiguo, cuya supervivencia depende de las cosechas, el hecho de que el paso de las estaciones sea algo fijo es decisivo. Según el mito, tal ritmo queda asegurado por las fuerzas más íntimas de la naturaleza, simbolizadas por dos diosas: Deméter y su hija Perséfone.

La irrupción de la filosofía en el mundo griego suele interpretarse como el paso del mito al logos, de la mitología a la razón. La fórmula es correcta si se interpreta ese paso no como un abandono del mito en favor de la razón, sino como un proceso lento de conversión de la explicación mítica en explicación racional. Los elementos mitológicos perdurarán en la filosofía a lo largo de la antigüedad en menor o mayor grado. El mito está presente en la especulación presocrática, Platón utilizará muchas narraciones mitológicas (Véase J. Pieper, Los mitos platónicos, *Herder, Barcelona, 1998) y Aristóteles mantendrá en su* Metafísica *que el filósofo es un filómito, un amante de los mitos.*

15

EURÍDICE Y ORFEO, EL PODER DE LA MÚSICA

La música es el arte de las artes. Se la considera el arte más espiritual porque para ella la materia es insignificante: sólo usa las vibraciones del sonido y los silencios. A pesar de ello, ha habido toscas sensibilidades, como la de Napoleón, para quien la música era "el ruido menos molesto". La verdad es que la actitud napoleónica respecto a la música es una excepción. Si la música fuera ruido, el menos molesto si se quiere, no contendría la fuerza que contiene, no sería capaz de "amansar las fieras", de mover el corazón o de elevar los espíritus; no sería capaz de dirigir un ataque brutal como el que Francis Ford Coppola dirigió con la wagneriana *Cabalgata de las Walkyrias* en *Apocalipsis Now* (1979), o de enternecer las almas de los presos que escucharon a través de los megáfonos de la prisión el aria de Mozart en la película *Cadena perpetua* (1995), dirigida por Frank Darabont. Pero quien descubrió el poder de la música en el inicio de los tiempos fue Orfeo.

Orfeo era hijo de Eagro, el dios-río, y de la musa Calíope. Su madre le enseñó el arte de la música, que llegó a dominar de tal manera que cuando cantaba tocando la lira o la cítara las piedras y los árboles le seguían, las fieras se postraban ante él y los ríos variaban su curso. En honor a las nueve musas aumentó las cuerdas de la lira de siete a nueve, de esta manera logró una música más suave y melodiosa.

El joven Orfeo formó parte de la expedición de los Argonautas en busca del Vellocino de oro. Como era de complexión débil se dedicaba a dirigir a los remeros y a cantar para tranquilizar sus espíritus en las tempestades. Al llegar al lugar de las sirenas, sus cantos hicieron que los argonautas no prestaran atención a las magas y que no sucumbieran a sus encantos.

Gracias a su música, conquistó a la bella ninfa Eurídice, con quien se casó. Orfeo y Eurídice vivían enamorados y felices. El amor que sentía por la ninfa le inspiraba melodías bellísimas. Un día, cuando la joven paseaba junto al río se le presentó Aristeo, que intentó violarla. Ella huyó adentrándose en el bosque, donde fue picada por una serpiente y murió.

Orfeo lloró amargamente la pérdida de su esposa. Tal era la pena que sentía que se aventuró a descender a los infiernos para recuperarla. Hades, el rey del averno, le recibió malhumorado.

—"¿Qué haces tú aquí si nadie te ha llamado?" —le dijo.

—"He venido a por mi esposa, a quien te has llevado injustamente" —respondió Orfeo.

—"Nadie baja aquí injustamente y, aunque así lo fuera, su regreso es del todo imposible. Vuelve por donde has venido no vaya a ser que quedes para siempre en el lugar de los muertos."

Pero Orfeo insistió, tal era su amor por Eurídice. Los ánimos de Hades comenzaron a encresparse. Entonces el joven acarició su lira y empezó a cantar. El dios de los abismos quedó como encantado, su espíritu se suavizó y, cambiando totalmente el tono de su voz, dijo:

—"Puedes llevarte contigo a tu amada Eurídice a condición de que no la mires hasta haber llegado al mundo de los vivos. Si lo haces, ella permanecerá aquí para siempre, como el resto de los habitantes de las profundidades."

Orfeo comenzó a ascender por la escalinata mientras Eurídice lo seguía en silencio. Cuando estaba a punto de llegar arriba, tuvo miedo de que su amada no lo siguiera y que todo fuera una mentira de Hades. Sin poder evitarlo se giró y miró hacia atrás. Por un instante vio el rostro de Eurídice, que tras un grito espantoso volvió a caer al abismo. Orfeo fue tras ella, pero el barquero Caronte, inflexible, le prohibió el paso.

A partir de ese día, Orfeo sólo entonó cánticos insólitos que hablaban del más allá, de la forma de evadir el infierno y de llegar, después de esta vida, a los Campos Elíseos. Tras su muerte, la lira de nueve cuerdas fue transportada al cielo, donde quedó convertida en constelación. El alma de Orfeo descansa en los Campos Elíseos y sigue cantando para los bienaventurados.

Sugerencias

Lo más secreto sólo se puede expresar con la música. El mito de Orfeo lo pone de manifiesto de una manera clara: el poeta canta los secretos del corazón, por una parte, y los del más allá, por otra. El amor y el misterio son los grandes temas de la música, más aún, el origen de toda inspiración musical.

La música, en ese sentido, es un medio supra-racional de acceder a las realidades más profundas de la existencia. De una forma mucho más directa que las especulaciones filosóficas o teológicas, la música llega a la esencia del amor y de los misterios religiosos. Lo que pueda decir del amor cualquier teoría, no es nada comparado a lo que expresa una canción; del mismo modo, el acceso a lo religioso tiene una vía más corta por medio de la música que a través de la teología.

Unamuno decía: "Entre los dones que debemos a la Bondad de Dios es uno de los mayores el de la música. No hay música mala. Hay obras literarias malsanas, impías, desoladoras; hay cuadros que excitan a la concupiscencia. La música es según se la recibe. En un alma pura toda música produce sentimientos de pureza. La música ahonda nuestros sentimientos, los nuestros; hace que seamos más nosotros mismos. Una misma tocata sume al voluptuoso en el fango de su voluptuosidad, mientras al puro le hace recrearse en su pureza." (Diario íntimo, *Cuaderno 1.)*

El amor que sentía por Eurídice le llevó a Orfeo a adentrarse en el más allá. Gracias a la música pudo regresar, pero sin su amada. Orfeo quiere demostrar que el amor es más fuerte que la muerte, pero no lo consigue. El amor reclama la inmortalidad, pero también necesita ver a la persona que se ama, por eso, Eurídice vuelve al averno, muere por segunda vez.

Pero Orfeo no regresa con las manos vacías. Ha estado en los infiernos, ha tratado con Hades y ha podido convencerle de que deje libre a Eurídice. El amor, que rechaza la muerte, le ha mostrado los misterios del más allá. Esto lo sabían los antiguos griegos, quienes vieron en Orfeo un sacerdote y un profeta iniciado en los enigmas del mundo subterráneo. Se creó así la religión órfica, cuyos iniciados podían acceder a los misterios de la vida futura mediante la meditación de los poemas atribuidos a Orfeo.

Sea como fuere, Orfeo nos enseña el poder de la música. Este poder lo podemos experimentar de muchas maneras. Utilizamos la música para relajarnos, para estimular nuestra inteligencia; existe la musicoterapia y muchas mujeres embarazadas se colocan auriculares en el vientre para que el niño que llevan en sus entrañas goce de su primera experiencia musical; muchos ena-

morados tienen sus canciones; partidos políticos y empresas, épocas y generaciones tienen su música; basta con pensar en los himnos, las canciones protesta o la música que asociamos con la publicidad. La música contiene tal poder que es capaz de crear. Hay diferentes formas de vivir que se inspiran directamente en una música determinada, como por ejemplo, los punkis, los rockeros o los makineros, por poner algunos ejemplos.

Ovidio en sus Metamorfosis *ha expresado lo que ocurrió en los infiernos cuando Orfeo hizo sonar su música:*

"Mientras así decía y movía las cuerdas al son de sus palabras, lo lloraban las almas sin vida: Tántalo no intentó coger el agua huidiza, quedó parada la rueda de Ixión, las aves no arrancaron el hígado, quedaron libres de urnas las Bélidas, y tú, Sísifo, te sentaste en tu propia roca.

Entonces por primera vez, se dice, las mejillas de las Euménides, vencidas por el canto, se humedecieron de lágrimas; ni la regia esposa ni quien rige lo más profundo se atreven a decir que no a quien suplica, y llaman a Eurídice."

16

LA MANZANA DE LA DISCORDIA

La discordia entre los hombres se presenta de múltiples maneras. Los dioses saben qué forma ha de adoptar en cada caso y la hacen aparecer cuando menos se la espera, y cuanto mayores son las precauciones que se toman, con más ímpetu nos acecha. Según la mitología, la primera vez que entró en juego fue en el propio Olimpo, y lo hizo materializada en una manzana de oro. Gracias a la Discordia asistiremos al primer concurso de belleza de la historia.

Una gran boda se celebraba en el monte Olimpo. Se unían en matrimonio Tetis y Peleo, los futuros padres de Aquiles. Todos los dioses se reunieron alrededor de la gran mesa de mármol blanco. Incluso Hades dejó los infiernos y Posidón las profundidades oceánicas para participar en tan singular ceremonia. Pero los dioses inmortales "olvidaron" invitar a Éride, la diosa de la Discordia: no quisieron arriesgarse a que la sembradora de cizaña les aguara la fiesta, pues sabían que allí donde ella iba se acababan complicando las cosas.

Las bodas comenzaron con júbilo, todos los dioses se sentían hermanados, por unos días olvidarían sus antiguas rencillas y gozarían del divino néctar. Pero al llegar la tercera jornada, en medio de un gran banquete, se presentó Éride terriblemente enfadada. Llena de ira, con una mirada rabiosa, encañonó sus ojos hacia los de Zeus y dejó una manzana de oro sobre la mesa mientras decía:

—"¡Este regalo para la diosa más bella!"

Al punto desapareció y todos quedaron atónitos, excepto Afrodita, Atenea y Hera que se abalanzaron sobre la manzana como sabuesos hambrientos y comenzaron a pelearse por la posesión de aquel inesperado regalo. Pronto se formó un gran tumulto, todos discutían sobre a quién le correspondía aquella manzana dorada. No hubo nadie que no tomara partido por alguna de las tres diosas, sólo Zeus, el padre de dioses y hombres, permanecía sentado observando entristecido aquel deplorable panorama. Se lamentaba de no haber invitado a Éride y mascullaba qué hacer para solucionar aquel desastre. De pronto soltó un fuerte puñetazo sobre el mármol blanco y todos callaron. Se puso en pie y les recriminó diciendo:

—"¿Cómo os podéis pelear por una manzana, ¡estúpidas!? ¿Acaso no sois inmortales y disponéis de cuantas riquezas hay en el cielo y en la tierra? Os dejáis engañar por una diosa de un rango inferior y hacéis el ridículo ante todo el mundo."

Pero, Hera, su esposa, se atrevió a contestar:

—"No es por este trozo de oro por el que disputamos, pues oro tenemos todo el que queremos, sino por lo que significa."

—"¡Tonterías! —gimió el rey de los dioses—. Sois las tres muy hermosas, más hermosas que el amanecer y la noche estrellada."

—"Pero sólo una —dijo Atenea— puede poseer la manzana de oro."

—"Sí —añadió Afrodita—, sólo la más bella es digna de este regalo."

Zeus, que hasta el momento se había mantenido inmune al veneno que había diluido Éride en el ambiente, comenzó a sentir los primeros síntomas. Todas las miradas se centraban en él, pues, como máxima autoridad, le correspondía dictaminar sobre las querellas entre dioses. El padre de mortales e inmortales se encontró rodeado por las tres diosas que esperaban su veredicto. Los demás le observaban con expectación. Al cabo, tomó la manzana en su mano, la miró durante unos instantes, y dijo:

—"Llevádsela a Alejandro, el pastor, que habita en el monte Ida, para que sea él quien juzgue, pues ningún dios puede ser juez de las virtudes de otro."

Se puso en pie y añadió:

—"¡Hermes, conduce a las tres diosas hasta el monte Ida! Que sea el joven Alejandro quien decida. Su decisión será tenida por válida en el Olimpo."

Nadie quiso contrariar las órdenes de Zeus. Así que Hermes tomó el conflictivo regalo y abandonó el Olimpo acompañado de Hera, Afrodita y Atenea. Hermes las dejó disfrazadas de jóvenes doncellas en un claro del bosque. Ellas seguían disputando por aquel fruto dorado. Al oír las voces se acercó un muchacho que se encontraba cerca cuidando su rebaño: era Alejandro (que después se llamará Paris). Las tres doncellas explicaron al joven la razón de sus discusiones.

—"No sé —dijo el joven mientras levantaba el áureo fruto y lo observaba cuidadosamente—. En verdad, sois las criaturas más bellas que jamás he visto."

En ese momento, comprendieron las tres diosas disfrazadas que para conseguir la manzana de oro debían seducir al joven pastor.

Se acercó Hera y le susurró:

—"Si me eliges a mí te prometo el gobierno de toda Asia."

Luego hizo lo propio Atenea y le ofreció salir siempre victorioso en la guerra.

Al final, Afrodita le habló dulcemente:

—"Si me ofreces a mí la manzana de oro te daré el amor de la mujer más bella de la tierra: Helena de Esparta."

Fue entonces cuando Alejandro comprendió la trascendencia de aquel divino litigio, del cual, sin saber por qué, el Destino le había convertido en juez. La belleza que estaba contemplando no era humana, sólo una mujer podía acercarse a la hermosura de aquellas tres diosas, y esa mujer era Helena. La mente del pastor de Ida quedó confusa, en aquellos momentos no podía contemplar un bien mayor que la belleza. Por eso rechazó el poder y los honores que le prometían Hera y Atenea y, tras una larga y difícil deliberación, entregó la manzana de oro a Afrodita. Al instante desaparecieron Hera y Atenea, mientras Afrodita tomaba entre sus dulces manos el tan preciado trofeo.

Ella miró agradecida al joven y le dijo antes de desaparecer también:

—"A partir de este momento eres mi protegido. Siempre estaré contigo y acudiré pronta a tus invocaciones. Es hora de que vuelvas a Troya: pues tú eres el príncipe Paris."

Sugerencias

¡Cuántas veces nos ocurre lo que pasó en la boda de Tetis y Peleo! No sabemos cómo, pero hay momentos en que somos presa de Éride: la discordia penetra en nuestras relaciones sociales como el agua se cuela entre las grietas.

Pero nuestra vida es mucho más prosaica que la de los dioses griegos. Por eso la cizaña no reviste la forma de manzana de oro, sino de pequeños malentendidos capaces de generar un gran conflicto interpersonal. De hecho, aquella manzana que arrojó Éride sobre la mesa del Olimpo, no sólo provocó la disputa entre los dioses, sino que, andando el tiempo, desencadenaría la mayor guerra de la antigüedad: la guerra de Troya.

Casi siempre, las discrepancias entre las personas surgen por una nimiedad: una pequeña chispa que, si se alimenta, se convierte en una llama capaz de provocar un gran incendio. Si se aviva la chispa, resulta casi imposible de extinguir, y cuanto más se hace por apagarla más fuerza adquiere. A ese comentario inoportuno, muchas veces inocuo, no hay que darle alas, sino sofocarlo cuando sólo es eso, un simple comentario inoportuno. Darle coba es arriesgarse a sucumbir a la Discordia.

Pero este mito habla también de la belleza. En los bosques de Ida tuvo lugar el primer concurso de belleza. Se presentaron tres candidatas ante un jurado compuesto únicamente por un pastor adolescente, en el que recayó la responsabilidad que no quiso asumir el propio Zeus.

Muchos pintores, por ejemplo Rubens, nos han transmitido el momento de duda en que Paris delibera sobre a quién otorgar el galardón. Como si la decisión no importara, siempre se representa al joven pastor en una deliberación eterna. Y este momento, inmortalizado por Rubens, representa el estado subjetivo adecuado para captar la belleza. Ante la belleza quedamos, como Paris, petrificados, aturdidos, no sabemos cómo reaccionar, somos incapaces de decidir, estamos como fuera de nosotros mismos, sumidos en un éxtasis que paraliza la voluntad. La misma contemplación de la belleza no nos permite juzgar. O lo que es lo mismo, el juicio sobre la belleza es un imposible si no entran en juego otros elementos. Por eso, las diosas ofrecen al joven pastor una recompensa por su voto. ¡Qué genial el pintor flamenco! No representó a Paris entregando el divino trofeo a Afrodita, sino que captó el eterno instante de la duda.

Pero, ¿por qué un pobre pastor eligió a Afrodita? ¿No hubiese sido más lógico abrazar el poder que le ofrecía Hera o todos los honores que sin duda adquiriría bajo la protección de Atenea? No, Paris entrega la manzana de oro a la diosa del amor porque cree que nada hay comparable al amor de una mujer. Quizá algún sediento de psicoanálisis justifique la decisión del joven en razón de su desgraciada infancia, ya que fue rechazado por su madre nada más nacer (lo veremos más adelante). Sin embargo, si en algo no debemos buscar razones es justamente en este caso, porque el amor es racionalmente injustificable.

Lo que demuestra este pasaje de la mitología clásica es que de las tres diosas, no sólo fue Afrodita la más hermosa, que sin duda lo era, sino también la más astuta. Ella sabía que la belleza sólo se equipara a la belleza, por eso no ofrece riquezas, ni poder, ni honores, sino la posibilidad de tocar siquiera con las yemas de los dedos la sombra de lo Bello. Se podría decir de otra forma: si la belleza no se puede contemplar no es tal.

Sembrar la discordia es estrategia militar: "divide al enemigo y vencerás". Los romanos, deseosos de acabar con aquel pueblecito que resistía tan valerosamente en el interior de la Galia, utilizaron también esta táctica e introdujeron en el poblado galo un personaje que creaba conflicto allí adonde iba. Creo que el cómic lleva por título La cizaña. *Pero lo de la manzana de oro no fue una estratagema militar, sino una fechoría del Destino.*

17

PARIS, LA ANTORCHA DE TROYA

Tras haber dado el veredicto en el singular concurso de belleza celebrado en el monte Ida, Paris regresa a Troya. El hombre no tiene un instinto que le conduzca hacia los suyos, pero dispone de la ayuda de los dioses que le indican el camino. Afrodita le dijo la verdad sobre su origen: "Tú eres Paris, el príncipe de Troya". Sus padres lo abandonaron porque creyeron que traería la ruina de la ciudad, sería como una "antorcha" encendida que prendería fuego a la gran fortaleza de Ilión. Pero, tarde o temprano, los planes del Destino inescrutable se cumplirán y la chispa que provocó Éride en el Olimpo acabará arrasando Troya. Paris es, otra vez, un títere del Hado.

Príamo y Hécuba eran reyes de Troya, la ciudad más próspera y bien guarnecida de toda Grecia. Se encontraba al norte de la costa de Asia Menor. Sus habitantes vivían en paz y respetaban a sus gobernantes. El rey Príamo era comprensivo y generoso con sus súbditos, amaba a Hécuba, su segunda esposa, quien le dio muchos hijos (Eurípides habla de cincuenta). Un gobierno justo y un bien organizado ejército convirtieron a Troya en una fortificación inexpugnable y en un auténtico paraíso en la tierra.

El celo con el que Príamo velaba por mantener la paz en su ciudad vino a alertarse cuando su esposa estaba encinta de su segundo hijo (el primogénito era Héctor). Semanas antes del nacimiento de Paris, Hécuba soñó que daría a luz una antorcha que prendería fuego a Troya y traería la perdición de todos. Hécuba contó el sueño a su esposo y éste pidió consejo a su hijo Ésaco, nacido de su primera mujer, Arisbe. Ésaco interpretó el sueño de esta manera: "el hijo que va a nacer traerá la ruina de la ciudad", y le aconsejó que se deshiciera de él en cuanto naciera. Pero Hécuba, en vez de darle muerte, lo entregó a unos pastores que vivían en el monte Ida. Ellos lo criaron y le pusieron por nombre Alejandro ("el hombre protegido"). Allí vivió el príncipe Paris convertido en pastor. Pronto el incidente fue olvidado y Troya siguió viviendo en paz; sin embargo, cada año el rey Príamo celebraba unos juegos fúnebres en honor a su hijo, al que creía muerto.

Cierto día, Príamo mandó traer un toro para sacrificarlo a Zeus durante los juegos fúnebres en honor a su hijo. Sus criados fueron a adquirir uno que estaba al cuidado de Paris. El joven pastor se entristeció mucho al perder el ejemplar que más quería y fue decidido a Troya con el propósito de recuperarlo. Para ello, participó en los juegos venciendo en todos a sus propios hermanos. Deífobo, uno de ellos, encolerizado por haber sido derrotado por un simple pastor, sacó la espada y quiso matarlo. Pero Paris se refugió en el templo de Zeus. Allí fue reconocido por Casandra, también hermana suya, y Príamo lo acogió feliz por haber recuperado a un hijo que creía muerto.

Paris pasó a formar parte de la familia real. Al cabo de un tiempo sintió deseos de conocer a Helena, que según le había dicho la diosa era la mujer más bella. Entonces pidió permiso a su padre para viajar hasta Esparta. Príamo vio con buenos ojos el viaje, pues supondría una buena ocasión para estrechar lazos con Menelao, uno de los reyes más poderosos de toda Grecia. Pronto se preparó la expedición y Paris partió acompañado por Eneas.

Llegados al Peloponeso, fueron bien recibidos por Menelao y los Dioscuros, los hermanos de Helena. En cuanto vio a la reina, Paris quedó prendado de su belleza. Ocurrió, entonces, que el rey de Esparta tuvo que ausentarse para asistir a los funerales de su abuelo Catreo en Creta y dejó encargado a su esposa que atendiera a sus invitados. Fue entonces cuando Paris, ayudado por Afrodita, sedujo a Helena y se la llevó a Troya burlando a los Dioscuros.

Cuando Menelao regresó se encontró con el engaño y fue a pedir ayuda a los demás reyes de Grecia. Todos ellos habían hecho una promesa según la cual se comprometían a auxiliar al esposo de Helena en cualquier circunstancia adversa. Es así como comenzó la primera guerra mundial de la historia: la guerra de Troya.

Fue durante esta guerra cuando murió Paris. Pero antes él dio muerte al héroe griego Aquiles asestándole un flechazo en el talón, único punto débil del inmortal guerrero. Parece que fue Paris quien disparó la flecha, pero con toda seguridad Apolo la dirigió hasta el único punto vulnerable del héroe. Como quien a hierro mata a hierro muere, Paris fue gravemente herido en la ingle por una saeta envenenada disparada por Filoctetes. El moribundo príncipe llamó a Enone, la ninfa a la que había amado antes que a Helena, quien le prometió cuando vivía con ella que si alguna vez caía herido ella lo curaría. Fueron a buscarla al monte Ida, pero ella se negó a curarle. Cuando, al cabo de un tiempo, Enone se compadeció de su antiguo amante, ya fue demasiado tarde; Paris había muerto.

Sugerencias

Por una bella mujer, Paris emprendió un gran viaje. La belleza lo cegó de tal modo que no pudo ver que su amor era ilícito ni sopesó las consecuencias. Se habla del rapto de Helena, aunque probablemente ella consintió en huir, tal vez engatusada también por las artimañas de Afrodita. En este episodio resulta difícil decidir quién es el responsable. Seguramente no lo fueron ni Paris ni Helena. Otra vez el Destino mueve los hilos.

Esta historia me recuerda a los anuncios publicitarios de agua de colonia. Con esa fragancia especial, él puede conquistar a todas las mujeres. Ellas no pueden resistir al encanto de la esencia varonil. Siempre imagino a Afrodita entregando a Paris un perfume secreto al cual sucumbe irresistiblemente la más bella de las mujeres. Este tipo de publicidad promete a los hombres convertirse en príncipes como Paris. Lo curioso del caso es que son ellas las que compran la colonia para ellos. Quizá sea porque en toda mujer hay una aspiración a ser Helena... ¿quién sabe?

¿Cómo sería Helena? ¿Cómo serían sus facciones? ¿Y sus medidas? ¿Qué rostro tendría la mujer más bella del mundo? Todo hombre ha deseado alguna vez conocer a Helena, no por descubrir su belleza, sino por percibir la esencia de lo femenino que seguramente la reina de Esparta encarnaba. Quizá a eso se refería la diosa cuando nombró a Helena como la mujer más bella.

Con este material, los actuales guionistas habrían escrito una apasionante historia de amor. Pero el caso de Helena y Paris es más que una historia de amor. Representa la violación de algo sagrado: el matrimonio, así como el abuso de la confianza que se debe al huésped. Mediante este mito, los dioses nos prohíben tomar como esposa la mujer ajena, so pena de sufrir una gran guerra.

El final de esta historia también nos transmite algunas ideas interesantes. Nos presenta a Paris como el antihéroe. Cuando se inició la guerra, ambos bandos propusieron un duelo entre Paris y Menelao, pues si la razón de la contienda era Helena, lo lógico era que se enfrentasen el marido y el amante. Pero en aquel lance Paris fue protegido por Afrodita, que lo envolvió en una nube, y salió ileso. La muerte del más valeroso de los griegos, el divino Aquiles, también fue posible gracias al auxilio de los dioses. En esta ocasión, fue Apolo, protector de los troyanos, el que dirigió la flecha mortal hacia su talón.

En todos los acontecimientos de la vida de Paris interviene una divinidad. Es como si él no contara y no fuera capaz de realizar ninguna hazaña por sí mismo. Cuando, al final, solicita la ayuda de su amada ninfa, ésta lo rechaza. El amor de Enone era lo único que había conseguido por sí mismo; sin embargo, ella no acude en su ayuda. Por eso, la historia de Paris resulta un cuento al revés. A ojos del espectador, el joven pastor nunca se hace digno de la alcurnia real.

18

HELENA, MUJER FATAL

Los hombres, los varones, tienen por costumbre echar las culpas a las mujeres. Por eso, los grandes acontecimientos históricos de la humanidad (engaña su género femenino), sobre todo si acarrean graves consecuencias (no me atrevería a calificarlas sin más como negativas), tienen como instigadora principal a una mujer; piénsese, por ejemplo, en nuestra madre Eva. Pero veremos cómo los griegos, por una parte, responsabilizan a Helena de una gran guerra, y, por otra, inventan mil formas para salvar su inocencia.

Como tantas otras veces, Zeus se enamoró de una mortal. En este caso fue Leda, hija del rey de Etolia, Testio, a quien sedujo convertido en cisne. Tras la unión con Zeus, Leda puso un huevo del que nació Helena. Con Tindáreo, su esposo, Leda tuvo a Timandra, Clitemestra, la futura esposa de Agamenón, y a los Dioscuros: Cástor y Pólux.

La belleza de Helena era sobrehumana, pero sólo Leda conocía su origen divino. Pronto se hizo famosa su beldad por toda Grecia y tuvo hasta noventa y nueve pretendientes, todos ellos reyes y príncipes de las distintas ciudades griegas. Su padre, Tindáreo, ante el número y categoría de los pretendientes, temió que si se la entregaba a uno, los restantes quedarían descontentos. Así, para evitar una posible guerra, hizo caso del consejo de Ulises, que le proponía que todos los pretendientes se comprometieran bajo juramento a acatar la decisión de Helena y a unirse para auxiliar en cualquier adversidad al esposo que ella eligiera. Como recompensa por su sabio consejo, Tindáreo le ofreció a Ulises la mano de su nieta Penélope.

Helena eligió a Menelao, rey de los espartanos. Tras las bodas, celebradas con gran pompa, los esposos se instalaron en la corte de Esparta. Allí vivieron felices hasta que un buen día llegó una comitiva real de la lejana Troya. Comitiva que estaba presidida por el príncipe Paris, quien sedujo a Helena y se la llevó a su tierra. Cuando su esposo Menelao se enteró de la afrenta, mandó en repetidas ocasiones embajadas a Troya, pero sin ningún resultado. Al final, reunió a todos los reyes griegos, quienes habían hecho el solemne juramento. Todos decidieron formar un gran ejército para asediar Troya y rescatar a Helena.

Helena partió con Paris hacia Troya, donde fue bien recibida por Príamo y Hécuba. En la bien murada ciudad vivió la esposa de Menelao con el príncipe Paris hasta que acabó la guerra. Durante los combates se asomaba a la muralla para indicar a los guerreros troyanos quiénes eran los principales caudillos griegos. A pesar de su inestimable ayuda, los habitantes de Troya desconfiaban de ella. Todos le echaban la culpa de la guerra, a excepción de Príamo y Héctor, que creían que la contienda se debía a la voluntad de los dioses.

Pero la reina de Esparta estaba definitivamente del lado de su amado Paris. Durante la última noche de la guerra, cuando los troyanos aceptaron el caballo de madera como regalo de los griegos, Helena adivinó que su vientre escondía a los principales líderes helenos. Entonces comenzó a imitar las voces de sus esposas enterneciendo el corazón de los guerreros. La última estrategia del ejército aliado se salvó gracias al astuto Ulises, pues adivinó que era Helena quien producía las voces.

Aquella noche los griegos arrasaron Troya. Menelao llegó hasta los aposentos reales, donde se encontró con su legítima esposa. Con la espada en alto se decidió a acabar con su vida, pero cuando contempló su extraordinaria belleza, la perdonó y regresó con ella a Esparta.

Muchos son los finales de este relato que ha inventado la mitología. Algunos la sitúan reconvertida en fiel esposa de Menelao, otros la imaginan desterrada por sus propios hijos tras la muerte de su marido, otras versiones nos hablan de su muerte mientras regresaba de Troya. Sea como fuere, la historia mitológica convirtió a Helena en mujer fatal.

Sugerencias

La historia de Helena es mucho más compleja de lo que aquí se ha expuesto. Muchas versiones intentan exonerar a Helena en relación con la guerra de Troya. Una de ellas cuenta que Hera, envidiosa por no haber sido elegida por Paris en el juicio del monte Ida, construyó de una nube una réplica de Helena y se la entregó al joven príncipe, quien cayó en el engaño, dejó a la verdadera en Egipto y regresó a Troya con la falsa. De este modo, la guerra sería causada por un fantasma.

¡Qué gran verdad encierra este mito! La guerra es totalmente irracional; en el fondo, está causada por el fantasma de una mujer. Toda esta historia viene al caso para justificar una de las más largas contiendas de la antigüedad. Helena es una imagen creada por una conciencia que quiere justificar el conflicto más terrible de la historia griega. El concepto de femme fatale *tiene su origen en este contexto y se extiende a lo largo de la Edad Media. Aquí aparece el concepto de "arma del Diablo" atribuida a la belleza femenina, tras la que se esconden las tentaciones demoníacas.*

En el contexto cristiano de la Edad Media se alerta a los hombres del peligro que encierra la belleza seductora del cuerpo femenino y se presenta a la mujer como la causa de muchos de los pecados masculinos. Habrá que esperar al Renacimiento para comenzar a ver cómo se va borrando esta imagen de "mujer fatal", aunque, de una u otra forma, en mayor o menor grado, se mantendrá siempre. La fatalidad que encierra la mujer no es sino un chivo expiatorio de los errores del hombre.

*Pero todos quieren tener a Helena de su lado. Los troyanos se la imaginan delatando a los suyos y los griegos con una antorcha haciendo señales desde la muralla enemiga. Porque todos, tirios y troyanos, necesitan su chivo expiatorio, y porque conocen y temen el poder de lo femenino. "La cuestión del poder femenino —afirma Lipovetsky— acosa el imaginario masculino. Ya algunos mitos primitivos evocan situaciones de estado original marcado por la supremacía de las mujeres; y no faltan leyendas que ponen en escena a monstruos hembra, a madres ogresas, así como la potencia diabólica de las brujas. Vagina dentata, mantis religiosa, mujer fatal: desde los tiempos más remotos se expresa la temática del poder funesto de la mujer" (*La tercera mujer, *Anagrama, Barcelona, 1999).*

19

EL SACRIFICIO DE IFIGENIA

La terrible historia de Ifigenia nos ayuda a entender el sentido del sacrificio. ¿Por qué exigen tanto los dioses? A veces, no se conforman con el sacrificio de animales, sino que reclaman vidas humanas. ¿Por qué son tan crueles y juegan con nosotros? Quizá nos están queriendo decir que el que renuncia al sacrificio está renunciando a ser humano.

En la rica corte de Micenas vivían Agamenón, el rey, su esposa, Clitemestra, hermana de Helena, sus cinco hijas: Crisóstemis, Laódice, Ifinasa, Electra e Ifigenia, y su hijo Orestes. La vida en Micenas era tranquila y feliz, hasta que un día llegó Menelao, hermano de Agamenón, a contarle su desgracia: el príncipe de Troya, Paris, había raptado a Helena, y su marido solicitaba la ayuda de su hermano, quien junto a otros caudillos griegos habían hecho, años atrás, la promesa de vengar cualquier agravio cometido contra Helena o su esposo.

La visita de Menelao acabó con la paz en Micenas. El soberano salió de viaje para reunirse con los demás reyes de Grecia y organizar la ofensiva contra Troya. Al cabo de unos meses, partió de Micenas el ejército de Agamenón. Ifigenia, la hija preferida de Agamenón, quedó en el puerto blandiendo su pañuelo y suspirando por el largo tiempo que estaría sin ver a su padre.

La flota griega, al mando de Agamenón, se reunió camino de Troya en Áulide. Los caudillos griegos acordaron la estrategia y esperaron vientos favorables para partir. Pero pasaba el tiempo y el mar permanecía en continua bonanza. Así estuvieron varios días hasta que pidieron consejo al adivino Calcante, quien manifestó que la diosa Artemis no permitía que partiera la flota griega, porque había sido ofendida por Agamenón. La cólera de la diosa era debida a la desconsideración con la que había sido tratada por el rey de Micenas cuando éste cazó una cierva y se jactó de que ni la misma Artemis sería capaz de hacerlo mejor, o cuando prometió ofrendarle a la diosa el producto más bello del año en que naciera Ifigenia y no le ofrendó a su propia hija, que era la única inmolación que le hubiese agradado. Agamenón preguntó a Calcante qué exigía la diosa para restablecer su ofensa y el adivino, con gran pesar, dijo que si no inmolaba a su propia hija, Ifigenia, Artemis no permitiría que la flota griega se pusiera en camino hacia Troya.

Agamenón se negó rotundamente: no podía sacrificar a su amada hija por nada del mundo. Pero miles de soldados venidos de toda Grecia dependían de él, la mayor empresa bélica de todos los tiempos estaba en sus manos. Al fin, el triste rey mandó llamar a Ifigenia con la excusa de casarla con Aquiles. La joven, aunque supo la verdadera razón por la que le reclamaba su padre, acudió con presteza.

Un atardecer gris sin brisa se preparó la ceremonia en el templo de Artemis. Ifigenia iba vestida de blanco, con la cara cubierta por un velo rojo y acompañada por siete doncellas. En el altar del templo se encontraron padre e hija. Se miraron. Él tenía los ojos arrasados por la tristeza, ella parecía una novia. El silencio era total. Sólo se oyó la voz del sacerdote:

—"¡Artemis ha sido agraviada y exige la vida de Ifigenia! ¡Cúmplanse sus deseos!"

Agamenón miró al verdugo e hizo una pequeña reverencia. El verdugo desenvainó la espada y se colocó detrás de Ifigenia. En aquel momento, cuando la tensión era máxima y el silencio ensordecedor, una cierva entró en el templo y se posó a los pies de la estatua de la diosa. Entonces, clamó el sacerdote:

—"¡Es una señal, Artemis quiere que esta cierva sea inmolada en lugar de Ifigenia!"

Al punto, el verdugo atravesó con su espada la yugular del manso animal y corrió la sangre por el suelo, al mismo tiempo que comenzó a soplar un fuerte viento y empezó a oírse, por primera vez en muchos días, el oleaje del mar.

Sugerencias

Estamos ante uno de los grandes temas: el sacrificio. Esta historia tiene muchos elementos comunes a la de Abraham e Isaac. Ambos, Agamenón y Abraham, reciben la solicitud divina de sacrificar a sus respectivos hijos y asumen el sacrificio que se les exige, aunque por motivaciones diferentes. En los dos casos se produce el triple movimiento que caracteriza al sacrificio: un primer momento, consistente en asumir como propio lo ajeno; un segundo, por el que se contiene o concentra lo que se ha asumido; y un tercero, en el que se desprende de lo interiorizado y contenido en los dos momentos anteriores.

Estos movimientos tienen que ver con la parte subjetiva del sacrificio, es decir, con lo que tiene de renuncia por parte de quien se sacrifica. Por eso, requiere aún de otro movimiento por el que culmina el sacrificio. Ese momento de culminación supone colocarse en un ámbito superior, el de lo sagrado. Éste es el origen etimoló-

gico de la palabra: sacrificar significa "hacer sagrado", santificar, divinizar. El auténtico sacrificio tiene, por tanto, un sentido netamente religioso.

Abraham y Agamenón son los representantes de dos tipos diferentes de héroes. El griego encarna la esencia del "héroe trágico", mientras que el patriarca representa al "héroe religioso". Ambos realizan los movimientos del sacrificio. Sus almas se debaten a vida o muerte antes de aceptar lo que se les exige: contemplamos fascinados la estampa bíblica en la que Abraham se encamina silencioso al monte Moriah con Isaac a su lado; del mismo modo, nos sobrecoge la escena, con la que inicia Eurípides su tragedia Ifigenia en Áulide, *en la que el rey griego vive una gran lucha interior.*

Pero hay diferencias entre Abraham y Agamenón. El "caballero de la fe", como lo llama Kierkegaard, realiza un movimiento más que no es capaz de llevar a cabo el héroe trágico: el movimiento de la fe. Agamenón se queda con el movimiento de la "resignación infinita", pero es incapaz de dar el siguiente paso, el movimiento del absurdo, por el que Abraham se abandona totalmente en manos de Dios. Por eso, afirma el pensador danés, comprendemos a Agamenón, pero no podemos comprender a Abraham. El caudillo de los griegos es justificado por lo general, se sacrifica por el bien común y recibe como compensación el reconocimiento social. En cambio, el patriarca bíblico no está éticamente justificado, se ve obligado a guardar silencio ante los suyos, porque no puede ser comprendido. Agamenón sacrifica sus deseos por su deber, pero Abraham lo sacrifica absolutamente todo y se abandona en manos de Dios.

Al fin, ambos recuperan al hijo. Junto a Ifigenia, Agamenón recibe el reconocimiento de los hombres, el aplauso del mundo; es un héroe ante los ojos de sus semejantes. Abraham, que lo ha apostado todo, recibe todo: no el reconocimiento ni el aplauso del mundo, pero sí la seguridad de la fe. Por eso, el patriarca es "el padre de la fe".

Hay más: léase el hermoso libro de Kierkegaard Temor y temblor. *Para los amantes del cine, la película* Sacrificio, *dirigida por Tarkovski en 1986.*

En el mundo antiguo había dos tipos de sacrificios: cruentos e incruentos. En los primeros se producía derramamiento de sangre, mientras que en los segundos se ofrecían alimentos, como miel, leche o vino. Los sacrificios cruentos podían ser de seres humanos o de animales. Parece que la costumbre de sacrificar a seres humanos es bastante arcaica, aunque, según Plutarco, Temístocles, presionado por la multitud ordenó inmolar prisioneros persas en la víspera de la batalla de Salamina (480 a. C.).

Quizá en el caso de Ifigenia, al igual que en el de Isaac, estemos asistiendo al final de los sacrificios humanos. La víctima humana es sustituida por un animal (aunque, como ya hemos visto, en situaciones extremas se puede volver atrás) y, más adelante, por un sacrificio incruento. La desaparición o sublimación del sacrificio se produce gracias a todo un proceso ritual que imita de manera escrupulosa los movimientos del sacrificio original. El rito tiene que guardar unas formas, por eso ha de ser celebrado por iniciados y por eso contiene una cierta dosis de hermetismo. El rito sacrificial no tiene, lógicamente, la misma eficacia de expiación del mal y de cohesión social que tenía el sacrificio humano en las comunidades arcaicas, pero resulta un sustituto deseable.

René Girard, en su obra Veo a Satán caer como el relámpago *(Anagrama, Barcelona, 2002), explica el nacimiento de los ritos de esta manera: "Para comprender cómo nacen los ritos, hay que imaginarse el estado de espíritu de una comunidad que, tras sangrientos y largos desórdenes, se ve liberada de su mal por un impre-*

visto fenómeno de masas. En los primeros días o los primeros meses que siguen a esa liberación, cabe suponer que reinaría una gran euforia. Pero, ¡ah!, este período no es eterno. Los hombres están hechos de tal manera que siempre acaban recayendo en sus rivalidades miméticas. «Es preciso que llegue el escándalo», y el escándalo llega siempre, al principio de manera esporádica, por lo que apenas se le presta atención, pero enseguida prolifera. Hay que rendirse ante la evidencia: una nueva crisis amenaza a la comunidad.

¿Cómo prevenir ese desastre? La comunidad no ha olvidado el extraño, incomprensible drama que antes la sacó del abismo al que ahora teme caer de nuevo. Está henchida de agradecimiento a la misteriosa víctima que primero la sumió en el desastre, pero que a continuación la salvó.

Y, al reflexionar sobre esos extraños acontecimientos, llega a la conclusión de que, si se desarrollaron como lo hicieron, fue, sin duda, porque así lo quiso la misteriosa víctima. Quizá esa divinidad organizara aquella puesta en escena con el fin de incitar a sus nuevos fieles a reproducirla y renovar así sus efectos, para que el futuro se protegieran contra un siempre posible recrudecimiento de los desórdenes miméticos. La idea de que son los dioses quienes enseñan a los hombres los sacrificios que éstos llevan a cabo es universal, y no resulta difícil entender su justificación."

(En su libro, René Girard está analizando los mitos fundadores, es decir, aquellos en los que aparece un chivo expiatorio *que libera de un mal a la comunidad convirtiéndose en víctima objeto de la violencia mimética y que, al final, es divinizada o se acude, en una segunda transfiguración, a un dios ya instaurado al que se hace responsable del restablecimiento del orden social. Véase también otras obras de Girard, como* El chivo expiatorio *y* La violencia y lo sagrado, *Anagrama, Barcelona, 1986 y 1998 respectivamente.)*

20

LA IRA DE AQUILES

"Canta, diosa, la cólera aciaga de Aquiles Pelida." Así comienza la *Ilíada*. La gran epopeya griega se centra, no tanto en la guerra en sí cuanto en "la cólera de Aquiles", un acontecimiento que por poco no trae la ruina del ejército aliado. En el décimo año del asedio a Troya, Aquiles es ofendido por Agamenón de tal manera que se despierta en él una gran cólera y decide dejar las armas poniendo en serio peligro el éxito de la contienda. Veremos en este relato mítico el choque de dos corazones endurecidos y cegados por la ira. Primero es el general de las tropas griegas, Agamenón, quien no quiere dar su brazo a torcer; después, es Aquiles quien se niega a oír los ruegos de todos sus compañeros.

Aquiles fue el séptimo hijo de la diosa Tetis y el héroe Peleo, rey de Ptía y descendiente de Zeus. Los hijos de este matrimonio mixto no podían alcanzar la inmortalidad, pues, aunque Peleo pertenecía a la estirpe de Zeus, era de condición mortal. Por esta razón, Tetis exponía a sus hijos recién nacidos al fuego con el fin de eliminar sus impurezas mortales, pero los pequeños morían. Cuando nació su séptimo hijo utilizó otro método: descendió a los infiernos y sumergió a su vástago en las aguas de la laguna Éstige. De este modo, Aquiles adquirió un cuerpo invulnerable; sólo tenía un punto mortal, el talón, pues fue la única parte de su cuerpo que no se sumergió.

Viendo Peleo que su séptimo hijo vivía, lo llevó al monte Pelión y se lo entregó al centauro Quirón, a quien confió su formación. El centauro lo educó en las virtudes antiguas: el desprecio de los bienes materiales, la sinceridad, la moderación, el espíritu guerrero y la resistencia al dolor. Lo alimentó de entrañas de leones y jabalíes, para que adquiriera su fuerza; de miel, para conferirle dulzura y persuasión; y de médula de oso, para otorgarle seguridad. Por su fuerza y agilidad fue llamado "el de pies ligeros".

Acabada su educación, volvió a la corte de Ptía, en Tesalia, y cuando se inició la guerra de Troya acudieron a él Néstor, Ulises y Patroclo para instarle a que participara en la contienda, pues el adivino Calcante había revelado a Ulises que sin la ayuda del Pelida no ganarían la guerra. Aquiles pidió consejo a su madre, quien le dijo:

—"Elige tú, hijo mío. Si te quedas en Tesalia te espera una larga vida, pero vacía de honores; si partes hacia Troya, tendrás una breve vida, pero alcanzarás la gloria."

Aquiles no dudó un momento y partió con cincuenta naves al mando de los llamados mirmidones. Antes de dejar Tesalia, su madre le entregó una armadura divina, fabricada por el propio Hefesto, el dios encargado de producir los rayos de Zeus, que le haría invencible.

Durante el décimo año de asedio, ocurrió que Crises, sacerdote de Apolo en Tebas, se presentó en el campamento griego para implorar que Agamenón le entregara a su hija Criseida, raptada durante el asedio griego a aquella ciudad. El general lo despidió de malas maneras, pues consideraba que la esclava le pertenecía por derecho de guerra, ya que formaba parte del botín. Entonces, Crises imploró venganza a Apolo. El dios oyó sus ruegos y sopló una gran peste sobre el campamento griego, diezmando sus tropas. Desde ese día, el ejército heleno fue perdiendo terreno y vio peligrar seriamente el éxito de la contienda.

Aquiles recurrió al adivino Calcante para pedirle consejo. Éste le dijo que Apolo había escuchado a su siervo Crises y que sólo cesaría la peste si Agamenón accedía a devolver a Criseida. El viejo Calcante no había dicho nada por miedo a Agamenón. Pero Aquiles le prometió protección y convocó una asamblea de todos los jefes griegos. En ella, el adivino dijo la verdad y Aquiles instó al general para que dejara libre a su esclava. Agamenón, lleno de ira, no tuvo otro remedio que condescender, pero exigió que el Pelida le entregara a Briseida, una hermosa joven que le había tocado en el reparto del botín de Tebas y a quien amaba profundamente. Por respeto a la autoridad de quien estaba al frente de las tropas griegas y por acabar con el castigo de Apolo, Aquiles despidió con gran pesar a Briseida de su tienda y se sumió en un estado de inmensa tristeza. Desde aquel momento decidió no volver a vestir su armadura y a no entrar más en combate.

Sugerencias

Cuando los dioses quieren que un hombre cometa una estupidez comienzan por endurecerle el corazón. Es lo que le pasa primero a Agamenón y después a Aquiles. Ese endurecimiento de corazón adquiere la forma de un egoísmo desmesurado que empieza por desoír los consejos ajenos. ¡Qué no le habrían dicho a Agamenón sus aliados para que devolviera a Criseida! Sin embargo, el rey griego estaba totalmente sordo. Lo primero que nos sorprende al leer la Ilíada *es la terca actitud de Agamenón.*

Este pasaje nos alecciona sobre la condición humana. Los dioses nos recuerdan que la principal la-

cra del hombre es el egoísmo, un egoísmo que no consiste únicamente en no querer desprenderse de algo que consideramos que nos pertenece, como la esclava de Agamenón, sino de una enfermedad espiritual que va creando un muro en rededor del yo. Conforme pasa el tiempo, el muro se va haciendo más alto hasta dejar al yo totalmente aislado. Este aislamiento tiene que ver con la sordera: el hombre egoísta se vuelve sordo, porque sólo escucha su voz. Muchas veces, este ensordecimiento espiritual se torna cínico, es decir, se oye, pero se rechazan las voces a risotadas de obstinación.

La autoridad de Calcante y la fuerte personalidad de Aquiles consiguen derribar el muro, desatascan los oídos de Agamenón, logran que devuelva a Criseida, pero, a pesar de ello, no le curan de su egoísmo. El engreído rey no es capaz de pedir perdón. Por eso, exige que Aquiles le entregue a Briseida, causando que el héroe se encierre en su tienda y se niegue a seguir luchando. Agamenón ha dejado libre a su esclava, pero su corazón sigue esclavo de la soberbia. Creo que en este mito late una profunda lección: sólo se salva del egoísmo el que es capaz de pedir perdón. Porque no es lo mismo reconocer la propia culpa que implorar perdón. Lo primero lava la fachada, lo segundo penetra hasta lo más hondo de la persona.

Aquiles tampoco es capaz ni de perdonar ni de pedir perdón. ¿Está su ira justificada? La Ilíada *representa un gran esfuerzo por responder a esta pregunta, sin embargo, los valores que maneja Homero no son suficientes para dar una respuesta enteramente satisfactoria. Desde su perspectiva, el héroe griego está justificado, porque sus sentimientos son puros, del mismo modo que Zeus está justificado para sus correrías amorosas. Pero desde el punto de vista humano, la ira de Aquiles aparece como una emoción descontrolada, sacudida por la imposibilidad de pedir perdón. Yo creo que en las relaciones humanas, no entre héroes y dioses, sino entre hombres y mujeres de carne y hueso, debe mediar siempre el perdón.*

En cierto modo, nuestra época no es muy diferente a la de Homero: nosotros también justificamos todo por razón de los sentimientos. Basta un paseo por las telenovelas, los programas "rosa", las series televisivas o las revistas del corazón.

Léase, sin urgencia, la Ilíada.

21

PATROCLO, EL AMIGO

Nadie fue capaz de reblandecer el corazón de Aquiles, sólo su amigo Patroclo consiguió convencerle para que le prestara la armadura, el yelmo y la espada. De esta forma, el amigo sustituyó al héroe e hizo retroceder al ejército enemigo. Desde el origen, los dioses se empeñan en mostrarnos la fuerza de la amistad, única capaz de entrar en lo más inescrutable del alma humana. Por un amigo, Aquiles prestó su más valioso tesoro, y también, por un amigo, volvió al campo de batalla.

Muchos fueron los ruegos que le hicieron a Aquiles para que volviera al frente, incluso el mismo Agamenón le prometió grandes riquezas y la mejor parte en el reparto del botín de Troya. Pero la ira de Aquiles era tal que permaneció oculto en su tienda, negándose a prestar oídos a tantas voces que le reclamaban. La situación de la guerra empeoraba, cada día que transcurría, los troyanos ganaban más y más terreno. Al fin, Patroclo, el amigo más querido de Aquiles, se presentó ante él y le solicitó permiso para vestir sus armas con tal de hacer retroceder al enemigo. Tras la insistencia de Patroclo, el Pelida accedió a prestarle las divinas armas y su amigo se presentó en el campo de batalla vestido de Aquiles. En breve, la guerra cambió de signo y los troyanos se vieron obligados a retroceder. Todos creían que Aquiles había vuelto a desatar su furia, por eso huían aterrados. Pero Héctor, informado por Apolo de que realmente era Patroclo, luchó con él y, ayudado por el dios, lo mató.

Antíloco, el hijo de Néstor, fue el encargado de llevar la triste noticia a Aquiles, quien, encolerizado por el dolor, se lanzó al campo de batalla sin armas. En aquel momento se encontraba la guerra en su momento decisivo: los troyanos se habían percatado del engaño y volvían a recuperar posiciones, pero los terribles gritos de Aquiles bastaron para poner en retirada al ejército enemigo. El de pies alados llegó hasta donde yacía su amigo y lo encontró desposeído de su armadura. Lo cogió en brazos y lo llevó a su tienda, donde lloró amargamente ante su cadáver.

Tras la muerte de su amigo, Aquiles estaba dispuesto a olvidar el rencor que sentía por Agamenón y a volver a la batalla. Sentía una sed infinita de venganza, pero no disponía de armas. Entonces pidió ayuda a su madre, Tetis, quien subió al Olimpo para suplicar el amparo del mismo Zeus. El padre de los dioses y los hombres, que no podía tomar partido por ninguno de los dos bandos, escuchó las súplicas de Tetis, que, abrazada a sus rodillas, lloraba desconsolada mientras decía:

—"Tú le prometiste una vida breve pero gloriosa: no permitas que acabe deshonrado."

El corazón de Zeus se enterneció y mandó a Hefesto que fabricara una nueva armadura para Aquiles, con su espada y su yelmo.

Tetis volvió al campamento griego portando la nueva divina armadura. Aquiles se la vistió y salió al campo de batalla causando a su paso el terror entre los troyanos y sembrando la tierra de cadáveres. Salió victorioso en todos los trances. Al final, se enfrentó a Héctor, a quien también venció.

El Rey Príamo mandó una embajada para solicitar el cuerpo de su amado hijo. Pero Aquiles se lo negó y como venganza por la muerte de su amigo, ató el cuerpo de Héctor a su carro y lo arrastró alrededor de las murallas de Troya. Al final, Aquiles cedió a los ruegos de Príamo y le entregó el cuerpo ultrajado de su hijo, a quien se le dieron honras fúnebres junto a Patroclo. La guerra había terminado.

Aquiles alcanzó gran fama y fue considerado el mejor guerrero griego, un gran héroe. No sólo era fuerte y veloz, invencible en la lucha, astuto y valiente, sino que tenía un cuerpo inmortal. Como si estuviera rodeado por un halo invisible que lo protegía de todo mal, las lanzas y las flechas rebotaban cuando le tocaban. Cuentan que Paris le disparó una flecha desde la muralla y que, dirigida por Apolo, fue a herirle en el talón, único lugar vulnerable de su divino cuerpo. El único dolor que hasta el momento había experimentado Aquiles era el que sintió tras la muerte de su amigo; comparado con aquél, el flechazo que le atravesó el talón sólo fue un pinchazo, pero que le causó la muerte. De esta forma se cumplió la profecía que le había hecho su madre: "Si vas a Troya, tendrás una vida breve pero gloriosa".

Sugerencias

Lo que no consiguieron las súplicas de sus aliados ni los regalos de Agamenón, logró la muerte de un amigo. La amistad es el bien más preciado que nos han regalado los dioses. Este mito nos demuestra que nada tiene más valor que el amor de un amigo. Aquiles se olvida de todo, de su rencor, de su cólera, de sí mismo, gracias a la amistad. La muerte de Patroclo nos desvela el lado más humano del héroe griego. Parece que Patroclo entra en escena con el único fin de morir, para resucitar a Aquiles. ¡Qué hermosa la estampa: en medio de la batalla, el invencible soldado llevando en brazos el cuerpo de su amigo!

En un contexto guerrero como el que nos presenta Homero, la venganza de la muerte del amigo es la consecuencia lógica. El sentimiento de venganza está plenamente justificado, no tanto por la cuantía del mal recibido, cuanto por la situación de guerra. En una sociedad que convive con la guerra, la venganza es un elemento más, conveniente e incluso necesario para mantener el espíritu beligerante. La venganza se presenta como un sentimiento humano inevitable (y conveniente en este contexto), pero el mito no lo acepta en su espontaneidad. Aquiles vengativo no es comedido ni prudente, se deja llevar por su propia ira, que no ha hecho sino cambiar de objetivo, y acaba ultrajando el cuerpo de su enemigo, algo impropio de un héroe de su alcurnia. Los dioses son vengativos y alimentan el espíritu de venganza de los hombres, pero también nos advierten del peligro que acarrea el dejarse llevar por ese estado de ánimo.

Otra idea que quiero destacar de este relato es que no son las armas las que ganan batallas, sino los hombres. La historia está plagada de espadas, arcos, armaduras y otros objetos bélicos que contienen la virtud de la imbatibilidad. Piénsese en las espadas Tizona *del Cid o* Excalibur *del Rey Arturo, en el Yelmo de Mambrino, en el arco de Flecha Negra, en la maza de Heracles (Hércules), y un largo etcétera. Todos estos héroes han recibido una ayuda especial en forma de armas todopoderosas; sin embargo, el poder no está en las armas, sino en los hombres. Esto nos enseña el caso de Patroclo: lo que importa de verdad es quién lleva la armadura.*

A Aquiles le dan a elegir entre una larga vida sin gloria o la gloria tras una breve vida. Él elige lo segundo (por eso es un héroe, no tanto por ser hijo de una diosa y un mortal, sino porque sabe su destino y lo acepta). Aquí late una idea perenne: la fama es algo efímero que para conservarse necesita ir acompañada de la tragedia de la muerte. En este sentido, la gloria no es sino la recompensa que recibe por haber muerto antes de hora. Siempre ocurre igual: los héroes de todos los tiempos han muerto jóvenes. En cierto modo consiste en "saber retirarse a tiempo". Nuestros ídolos dejan de serlo cuando la vida ya les recompensa.

Existe un contraste con los héroes bíblicos. Los hombres que nos presenta la historia sagrada como ejemplares son longevos: Moisés, Abraham, Jacob, Matusalén... ¿Por qué el héroe épico muere joven y el bíblico tiene una larga vejez? La razón es clara, porque se trata de dos tipos diferentes de heroicidad. Las virtudes que transmite el primero necesitan el amparo de la juventud, es decir, nadie se imagina un guerrero anciano. Lo mismo ocurre en nuestros días con los deportistas, los cantantes o los actores. El héroe bíblico, en cambio, comunica unos valores morales y espirituales que no tienen edad, es más, que tienen tanta vitalidad que alargan la vida.

Para finalizar, dos preguntas: ¿Quién ganó la guerra: Aquiles o Patroclo? ¿Dónde se encontraba el punto vulnerable de Aquiles: en el talón o en su amistad con Patroclo? Que responda el lector.

Nota: Éstos son los regalos que le ofrece Agamenón a Aquiles para que vuelva al campo de batalla, así se lo refiere Ulises en el canto IX de la Ilíada:

"Cede, pues, y la cólera aciaga depón; dignos dones te dará Agamenón si a la cólera aciaga renuncias.

Y si quieres escúchame, pues te diré yo ahora cuanto refirió Agamenón en su tienda que a ti te daría. Siete trípodes que desconocen el fuego, de oro; diez talentos y veinte calderas brillantes y doce vigorosos caballos que gloria obtuvieron corriendo; que jamás hombre alguno sería tenido por pobre ni oro le faltaría tampoco jamás si tuviera cuantos premios ganaron sus potros de cascos potentes.

También siete mujeres muy diestras en bellas labores, son de Lesbos, que cuando tomaste tú Lesbos magnífica eligió para él, y en belleza aventajan a todas; éstas él te dará y, además, a la que te ha quitado, a la joven de Brises y te jurará muy solemne que jamás a su lecho subió ni se ha unido con ella tal como entre mujeres y hombres costumbre es hacerlo.

Esto al punto tendrás. Y si luego los dioses permiten que asolemos nosotros la inmensa ciudad del rey Príamo que, al partirse el botín los aqueos, allí entres y cargues tu navío con cuanto oro y bronce desees cargarlo, y que para ti mismo te elijas las veinte troyanas más hermosas que encuentres, exceptuando a Helena la argiva. Si a los fértiles campos de Argos de Acaya volvemos, por su yerno te quiere aceptar con los mismos honores que hace a Orestes, su hijo, que con gran regalo se cría.

De las tres hijas que se dejó en su magnífico alcázar, Crisotemis, Laodice e Ifianasa, que aquella que quieras, para ti te la lleves, aun cuando sin darle una dote, como esposa al hogar de Peleo, que espléndida dote le dará como no dio jamás padre alguno a su hija; además, siete bellas ciudades muradas te ofrece:

*Énope, Cardamila y a Hira la de bellos pastos, Fera, ciudad divina, y Antea de prados magníficos, luego a Epeia la bella y a Pédaso de grandes vides, a la orilla del mar, junto a Pilos la tierra arenosa; allí vive una gente muy rica en corderos y bueyes que lo mismo que a un dios te honrarán con preciosas ofrendas, y regida por ti pagará muy crecidos tributos. Estas cosas habrá de cumplir si depones tu cólera " (*Ilíada, *canto IX).*

22

AMAZONAS, SÓLO MUJERES

Bien lo sabían los antiguos: nada hay tan peligroso como un ejército de mujeres. Tan temible como un hombre de un solo libro, lo es un ejército formado exclusivamente por intrépidas guerreras. En la antigüedad heroica, el pueblo de las amazonas era temido y respetado justamente por esa peculiaridad: sólo había mujeres. Nunca fue tan fuerte el sexo débil.

Ares, el dios de la guerra, sedujo a la ninfa Harmonía, que concibió y dio a luz a siete niñas en las laderas del Cáucaso. Allí las amamantó y las crió hasta que llegaron a la edad de casarse. Entonces, su madre acudió a los pueblos vecinos en busca de siete jóvenes. Cuando los encontró se los entregó a sus hijas en matrimonio. Tras la noche de bodas, las siete hermanas despacharon a sus maridos con cajas destempladas. De esta forma nació el pueblo de las amazonas. Por ser hijas de Ares, amaban la guerra, y por tener a la bella Harmonía como madre, odiaban al sexo masculino.

Las amazonas sacrificaban a los hijos varones o los mutilaban para utilizarlos como esclavos. Con los hombres sólo se unían para perpetuar su pueblo, generalmente con extranjeros tras alguno de los asedios. Vivían de la guerra y para la guerra. Tenían la costumbre de extirparse un seno para facilitar el lanzamiento con el arco (de ahí su nombre: *a-masthos*, sin pecho), les gustaba la caza y eran muy hábiles en montar a caballo.

Muchas fueron las contiendas entre las amazonas y otros pueblos griegos y extranjeros. Su ímpetu en el combate, su buena organización, su puntería con el arco y su ligereza, pues todas montaban a caballo, les convirtió en el ejército más temido.

La primera reina de las amazonas fue Hipólita. Recibió de su padre Ares un cinturón que la hacía invencible en la batalla. La existencia de este cinturón era conocida en toda Grecia. Uno de los trabajos de Heracles consistió justamente en apoderarse de él. Admete, hija de Euristeo, le pidió al héroe que le trajera el cinturón de Hipólita. Heracles viajó hasta el país de las amazonas y se encontró con la reina, quien no quiso luchar, ya que estaba dispuesta a concederle de buen grado su ceñidor. Pero Hera, disfrazada de amazona, inició el ataque contra los hombres de Heracles, se entabló una cruenta batalla y el héroe mató a Hipólita.

Otro tanto ocurrió con otra reina amazona: Pentesilea. El rey Príamo de Troya mandó en su busca para que luchara junto a él contra los griegos. Pentesilea acudió con su ejército en auxilio de los troyanos. La entrada de las amazonas en la ciudad de Troya fue triunfal, eran aclamadas por el pueblo, que esperaba que con su ayuda acabaría la guerra. El rey Príamo celebró una gran fiesta en su honor y al día siguiente se enfrentaron al ejército de Agamenón. Las amazonas arrollaron a los griegos en su primera embestida, pero al final fueron reducidas. Pentesilea arrojó su lanza contra Aquiles, pero fue rechazada por su escudo. Entonces el guerrero atravesó con su bronce el pecho de la reina, que cayó moribunda. Aquiles se acercó para extraer la jabalina de su cuerpo, Pentesilea le miró sin odio y expiró.

Cuentan que Aquiles se enamoró de Pentesilea. También cuentan que tras esta derrota, el pueblo de las amazonas desapareció.

Sugerencias

Las amazonas constituyen algo más que una sociedad matriarcal. Es más bien una sociedad utópica de mujeres que nos recuerda a Un mundo feliz *de Aldous Huxley. Se trata de dar respuesta a una vieja hipótesis: ¿es factible una sociedad de un solo sexo? La naturaleza responde negativamente, pero el hombre se empeña en desafiar a la naturaleza. Parece que el único obstáculo que deben superar las sociedades unisex es el de la regeneración de sus miembros, que las amazonas solucionan de una manera y Huxley, valiéndose de la ciencia ficción, de otra.*

Sin embargo, ésta no es la única dificultad, o imposibilidad, con la que choca la utopía unisexista. Sabia es la naturaleza y obliga a vivir juntos a hombres y mujeres. La humanidad no es ni masculina ni femenina, pero tampoco es neutra. Ser humano es ser mujer y ser hombre, porque se es hombre en referencia a la mujer y mujer en referencia al hombre. Aunque las técnicas de reproducción artificial se universalizasen, un mundo de seres de un solo sexo (digo seres, no personas) sería absurdo, aburrido e inhumano.

De cualquier forma, la idea de una sociedad compuesta únicamente por mujeres tiene mayor fuerza que su contraria: una comunidad de hombres. Piénsese en Lisístrata y sus compañeras, que se negaron a unirse con sus maridos. Aunque la historia, escrita por hombres, nos lo quiere hacer ver de otra manera, creo que, en este sentido, los hombres son más débiles que las mujeres, quiero decir que "necesitan" más de ellas, que ellas de ellos. (Según estadísticas, los hombres separados se vuelven a casar con mayor frecuencia y rapidez que las mujeres separadas.)

Por eso, el mito de las amazonas acaba con el triunfo del varón. El poder de las amazonas radicaría en lo que tienen de masculino: son guerreras, montan a caballo y cazan, no necesitan de los hombres, o mejor, disponen el uso que hacen de ellos. Lo que nos está transmitiendo esta leyenda es que la mujer, para dejar de ser el sexo débil debe imitar al hombre, debe ponerse pantalones (o armadura), debe cortarse un pecho, símbolo de feminidad (las feministas de los 60 no llegaban a tanto, sólo quemaban sostenes). Y el machismo vuelve a salir triunfante: Heracles mata a Hipólita y Aquiles a Pentesilea.

Es verdad que vivimos en un mundo machista, y que es urgente transformarlo, pero que la mujer imite al hombre no es la solución. No se trata de que las mujeres cuelguen su feminidad y se vistan de hombre (se corten un pecho y hagan la guerra), sino de lograr que sean respetadas sin dejar de ser mujeres, sin renunciar a lo femenino que les es propio. Pero esta tarea no es sólo de ellas, sino también de los hombres.

23

EL CABALLO DE TROYA

El final más famoso de la guerra de Troya no es el que aparece en la *Ilíada*, sino el episodio del caballo de madera que los mismos troyanos introdujeron en su ciudad. Cargado de soldados enemigos, el regalo de los aqueos se convirtió en una auténtica bomba de relojería. Este mito nos enseña que la mejor forma de tomar una ciudad es que te abran las puertas, que sea el enemigo quien te conduzca hasta su casa. Los troyanos tomaron gato por liebre: creyendo que se trataba de una ofrenda de rendición introdujeron al enemigo en su fortaleza. Estamos ante el engaño más sonado de la historia de la humanidad. Tras diez años de asedio, un golpe de astucia acabó con Troya.

Hace tiempo que el adivino Calcante había predicho que sólo Héleno, hijo de Príamo y hermano gemelo de Casandra, podía revelar en qué condiciones se podría tomar Troya. Por eso, los griegos miraban cómo capturarlo.

Ocurrió que tras la muerte de Paris, su consanguíneo Héleno solicitó a su padre la mano de Helena, pero éste se la negó y se la concedió a su hermano Deífobo, que era menor que él. Entonces, Héleno, abatido por la tristeza, se retiró al monte Ida, donde fue hecho prisionero por Ulises. Las argucias del astuto griego le hicieron confesar que debían cumplirse tres condiciones para poder conquistar Troya: que Neoptólemo, hijo de Aquiles, entrase en combate, que los griegos poseyeran los huesos de Pélope, y que robasen a los troyanos el Paladio.

Por la primera condición supo Aquiles que tenía un hijo, nacido de Deidamía después de su partida a Troya. El mismo Ulises, junto a Fénix y Diomedes fueron los encargados de ir a buscar al niño. De esta forma, Neoptólemo se convirtió en el guerrero más joven de aquella guerra.

Conseguir el hueso de Pélope fue más complicado. Su padre, Tántalo, lo había asesinado, lo había cortado en partes y adobado para que se lo comieran los dioses, pero éstos se dieron cuenta y lo rechazaron. Sólo Deméter, que estaba muy hambrienta, comió una parte del hombro hasta que se dio cuenta del engaño. Compadecidos, los dioses resucitaron a Pélope colocándole un hombro hecho de marfil. Tras muchos avatares, los griegos consiguieron encontrar el hueso perdido de Pélope.

Para obtener el Paladio, Ulises se disfrazó de mendigo y penetró en la ciudadela por la noche. El Paladio era una estatua divina de propiedades mágicas que representaba a la diosa Palas Atenea y que otorgaba a la ciudad que lo poseía la garantía de la inviolabilidad. Ulises tuvo que llegarse hasta el templo de Atenea y allí fue reconocido por Helena. Pero ella no lo delató, sino que le ayudó a conseguir el preciado botín.

Pero, a pesar de que los aqueos habían conseguido reunir las tres condiciones, no lograban vencer a los troyanos. Las fuerzas estaban más igualadas que nunca: ambos bandos habían perdido a muchos guerreros, unos se quedaron sin Aquiles y los otros sin Héctor. Al fin, Ulises tuvo una brillante idea: construir un gran caballo de madera y esconder algunos soldados en su vientre, simular la retirada y conseguir que los troyanos llevaran el caballo dentro de sus murallas. La estratagema parecía muy complicada; sin embargo, era la única forma de acabar con una guerra que ya duraba diez años.

Epeo y Panopeo fueron los encargados de dirigir la fabricación del caballo gigante. Una vez construido, lo dejaron en la playa y embarcaron. Al amanecer, toda la flota griega zarpó y se escondió tras la isla de Ténedos cercana a la costa. En tierra quedó el caballo preñado de soldados, entre los que se encontraban Ulises, Menelao, Fidipo, Macaón, Neoptólemo, Porteo, Talpio, Timetes, Demofonte, Idomeneo, Penéleo, Tersandro, Toante, Cianipo, Leonteo, Menesteo, Polipetes, Teucro y Trasimedes, así como Sinón, el espía.

Para asegurar el éxito del engaño, los griegos dejaron en tierra a Sinón con la finalidad de que convenciera a los troyanos de que el caballo era un regalo de rendición. Sinón no tardó en ser hecho prisionero en la playa, cerca de donde se encontraba el caballo. Interrogado por Príamo, le explicó que huía de Ulises, quien pretendía ofrecerle como víctima propiciatoria, con el fin de lograr de los dioses vientos favorables para regresar a sus casas. Lo del caballo era otra ofrenda, en este caso para restablecer la ofensa causada a Atenea por el robo del Paladio: los aqueos se retiraban de la guerra con el fin de que los troyanos introdujeran el enorme corcel en Troya y lo colocaran frente al templo de la diosa.

Las palabras de Sinón convencieron a Príamo, aunque la multitud se encontraba confundida. Entonces se presentó Laocoonte, sacerdote de Apolo, y maldijo a Sinón. Advirtió que todo era mentira, un engaño del astuto Ulises, y profetizó la ruina de Troya si aquel monstruo en forma de caballo entraba en la ciudad. Para probar lo que decía lanzó su jabalina contra el vientre del caballo que resonó. Pero Laocoonte había ofendido tiempo atrás a Apolo al unirse a su mujer ante la estatua consagrada, y el dios eligió aquel momento para desatar su cólera: envió dos serpientes marinas que devoraron al sacerdote junto a sus dos hijos. Todos comprendieron que aquello era una señal y que Sinón tenía razón, así que arrastraron el caballo de madera hasta la ciudad y lo ofrecieron a Atenea.

Los troyanos celebraron el final de la guerra. Troya, enclaustrada durante diez años, desató toda la tensión contenida y se sumió en una gran fiesta. A última hora de la noche, cuando todos dormían, salieron los guerreros griegos, mataron a los guardias y abrieron las puertas de la gran ciudad. La flota aquea había regresado y el ejército aliado tomó Troya. Muchos murieron, otros fueron hechos prisioneros, Menelao recuperó a Helena y sólo un pequeño grupo, al mando de Eneas, logró huir de la tragedia. Aquella noche terrible recordó Hécuba el sueño que tuvo cuando estaba encinta de Paris.

Sugerencias

Hay muchas cosas que me seducen de este pasaje, especialmente la perfecta articulación de todos sus elementos. La gran complejidad de los ingredientes de esta historia se simplifica cuando entran a formar parte de un guión merecedor de un Oscar. Todas las condiciones se van resolviendo conforme va avanzando la narración. Si Apolo no hubiera decidido castigar a Laocoonte justo en aquel momento, nadie habría creído a Sinón y el caballo habría sido quemado con todos los guerreros dentro. Si Ulises no hubiera robado el Paladio, Troya seguiría inexpugnable. Si Ulises no hubiera capturado a Héleno... Si Héleno no hubiera huido de Troya... Si Príamo no hubiera entregado a Helena a Deífobo... Si Helena hubiera delatado a Ulises... Si los griegos no hubieran encontrado a Neoptólemo o recuperado el hueso de Pélope...

Otra vez estamos ante las artimañas del Destino, que se las ingenia para que ocurra lo inevitable.

Me llama la atención que toda una guerra, la más importante de la historia arcaica griega, haya acabado con un engaño. Visto así, parece un final impropio. El caballo de madera suena a un deus ex machina *sacado de la manga. Sin embargo, el pasaje, como el leñoso corcel, encierra mucho más de lo que aparenta.*

Este episodio nos enseña que, en estado de guerra, no vale eso de "a caballo regalado no le mires el dentado". Cuando se trata con enemigos, toda precaución es poca.

Hay miles de formas de perder una guerra (no digo de ganar, porque las guerras siempre se pierden). Ésta es una. No es mejor ni peor que recibir dos bombas atómicas o ser invadido por un ejército superpotente. Quizá lo que los dioses nos estén transmitiendo sea que este final es tan absurdo como la guerra misma, o que más vale la astucia que la fuerza, o que nada está mal si todo es válido.

Muchas veces me he preguntado por qué los troyanos no inspeccionaron el interior del caballo y por qué Apolo eligió justo ese momento para castigar a su sacerdote. Creo que la respuesta a estas dos preguntas tiene que ver con el concepto de sacrilegio. Los dioses nos enseñan con este mito que deben ser respetados sus símbolos materiales, como por ejemplo las estatuas, los templos o las ofrendas. Aunque hechas por el hombre, al estar consagradas a un dios, merecen el mismo respeto que la divinidad, por eso se castiga tan duramente su profanación. Los hombres necesitamos representar de forma sensible a la divinidad, por eso construimos templos y esculturas. Éste es el sentido del antropomorfismo que encontramos en la representación de los dioses en diversas culturas. No hay que considerarlo, por tanto, como un reflejo humano, sino más bien como un escalón intermedio entre el hombre y la divinidad.

Los troyanos no inspeccionaron el caballo de madera, porque eso hubiera significado un sacrilegio, pues, al fin y al cabo, era una ofrenda para Atenea. Cosa que quedó clara cuando Laocoonte clavó su jabalina en el vientre de madera y rápidamente fue devorado por dos serpientes, llamadas Porce y Caribea. Ésta era la señal de que aquel corcel gigante era una ofrenda para la diosa, y, aunque parezca lo contrario, sí lo era, pues hay que recordar que Atenea estaba a favor de los griegos. Pero, ¿por qué el sacrilegio cometido hace años por Laocoonte es castigado ahora? Porque el sacerdote representa la fe del pueblo y el castigo por su acto profanador debe recaer en todo el pueblo. Si se mira bien, la venganza de Apolo no fue la muerte de Laocoonte, sino el hecho de que sus conciudadanos no le creyeran y que acabaran por entrar el caballo en Troya.

Entonces, ¿una guerra perdida por un solo hombre? No va por aquí el mensaje de los poemas homéricos: la guerra de Troya es, ante todo, una guerra entre los dioses. Aunque ellos no podían tomar parte por ninguno de los dos bandos, sus divinidades se dividen en pro-troyanos y pro-griegos. Ésta sería la razón por la que el cerco de Troya duró tanto tiempo, pues ningún dios quería ser el perdedor. La guerra de Troya se asemeja al niño que juega con sus soldados de plomo, él los mueve y él decide quién ha de vencer. Pero en el Olimpo, no sólo hay un niño, sino muchos. Por eso, nadie puede decidir quién ha de salir vencedor. Estamos ante una guerra entre dioses que se resuelve por una estupidez humana.

La complejidad de este fragmento es mucho mayor que la que aparece más arriba. He simplificado algunos pasajes para agilizar la narración. Sin embargo, no quiero pasar a otro mito sin explicar una interesante versión (yo he utilizado la de Apolodoro, Epítome, V) de la incursión de Ulises en Troya para robar el Paladio. Según esta tradición, Diomedes acompañó a Ulises en su em-

presa y fue el primero quien robó el Paladio. Cuando volvían hacia el campamento, portaba Diomedes el Paladio y Ulises iba un poco rezagado envidioso por no poder ser él quien llevase el preciado tesoro a los griegos. A medio camino, Ulises, por detrás de Diomedes, levantó su daga contra su compañero con el fin de matarle y quitarle la estatuilla, pero era noche de luna llena y la sombra delató las intenciones de Ulises, Diomedes reaccionó y aplacó el ataque con su espada. Ulises, que comprendió que había obrado mal, se negó a luchar y marchó delante de su acompañante.

Si uno conoce la audacia y la prudencia de Ulises, le resultará difícil comprender esta reacción. No tanto que le sedujera el recibir los honores por ser el portador del Paladio, cosa bastante comprensible al fin y al cabo, cuanto que un guerrero como él no hubiera contado con la sombra de su brazo al atacar. Sin embargo, un detalle tan insignificante acabó con su proyecto y salvó a Ulises de ser un asesino. Este episodio nos enseña que la ambición puede cegar al más prudente de los hombres. ¿O fue todo, al fin y al cabo, culpa de la luna llena?

24

ULISES, EL REGRESO AL HOGAR

> La historia de Ulises es la historia de cada hombre, que se resume en partir y regresar. Todas las aventuras vividas por el héroe homérico carecen de sentido si no logra volver a su origen. En Ítaca le esperan los suyos, a quienes necesita para encontrarse a sí mismo, para ser él mismo. El punto de partida y el punto de llegada coinciden, por eso Ulises no se pierde, porque conoce su destino y, aunque se convierte su viaje en una auténtica odisea, tiene la recompensa de encontrarse al fin con los suyos y consigo mismo.

En un tranquilo reino al noroeste de Grecia, en la pequeña isla de Ítaca, rica en rebaños, vivía el rey Laertes y su esposa Anticlea. Ambos eran respetados y queridos por su pueblo. Su felicidad fue máxima cuando tuvieron un hijo: Ulises (Odiseo en lengua griega). El pequeño llenaba de dicha los días de los monarcas que veían cómo poco a poco se iba convirtiendo en un joven príncipe, fuerte, alegre e inteligente.

Dada la astucia y la capacidad de convicción del príncipe Ulises, el rey, su padre, le encargó varias misiones diplomáticas. Una de ellas consistió en dirigirse a Mesania para reclamar unos carneros que le habían sido robados. Otros viajes le llevaron a Lacedemonia, donde Ífito le regaló el arco heredado de su padre Éurito, el gran arquero que se enfrentó a Heracles. Aparte del propio Éurito, este arco sólo lo podía tensar Ulises.

Durante su visita a Autólico, su abuelo materno, participó en la cacería de un jabalí en el monte Parnaso. Allí fue herido en la rodilla, quedándole una cicatriz indeleble que le servirá en el futuro para ser reconocido.

Cuando Ulises llegó a la mayoría de edad, Laertes abdicó en él y recibió el reinado de Ítaca. Viajó entonces en busca de esposa y se convirtió en uno de los pretendientes de Helena. Pero al ver que había tantos reyes griegos que querían casarse con ella, y previendo que aquella situación podría dar lugar a la enemistad entre todos, se le ocurrió proponer que fuese Helena la que eligiera marido. La propuesta de Ulises satisfizo a todos, que se comprometieron a respetar la decisión de la joven y a unirse si fuera necesario para castigar a quien ofendiera a ella o a su esposo. Esta sabia sugerencia de Ulises fue premiada por el padre de Helena, quien le ofreció desposarse con su nieta Penélope.

Las bodas de Ulises y Penélope fueron magníficas. Convertida en reina, la belleza y la prudencia de Penélope brillaban todavía más. Ulises se sentía muy feliz, porque amaba a su esposa y a su tierra, innumerables viajes le habían mantenido fuera de su hogar y ahora descansaba dichoso en el palacio de Ítaca. Pronto Penélope quedó encinta, cosa que alegró enormemente a su esposo, pero un heraldo de Agamenón le hizo saber del rapto de Helena y le convocó para luchar contra Troya.

Ulises se entristeció mucho, incluso pensó en romper su compromiso con los reyes griegos. Justo ahora que la paz y la felicidad habían entrado en su vida tenía que emprender un largo viaje, del cual quizá no regresaría. Pero Ulises tenía un noble corazón: no podía dejarse llevar por sus deseos, sino por su deber, así que preparó el viaje y dirigió estas palabras a su amada esposa:

—"Te juro por todos los dioses que volveré. Mañana al amanecer partiremos. Te dejo al cuidado de nuestro hijo y de nuestra tierra."

Aquella misma noche nació Telémaco, así pudo el padre verlo antes de partir.

Toda la noche permaneció Ulises junto a su esposa y su hijo, pero al rayar el alba, con el corazón encogido, se despidió definitivamente. Desde el momento en que zarparon las naves de las costas de Ítaca, su único pensamiento fue regresar. Ulises abrió un paréntesis en su vida, un paréntesis que duró veinte años, y en los cuales no hubo ni un solo día que no pensara en el retorno a su amada patria.

Sugerencias

Algunas versiones consideran a Ulises hijo de Sísifo. La noche anterior a su boda con Laertes, Anticlea habría sido amada por el hijo de Eolo. Esta tradición, ajena a los poemas homéricos, se ve reforzada por el carácter de Ulises, que nos recuerda al de Sísifo: ambos son castigados por los dioses a vagar durante un largo periodo de tiempo. Sin embargo, en el carácter del príncipe de Ítaca influyen también rasgos de Laertes: el amor por la tierra y el hogar. Este aspecto podría ser origen de una disputa interminable: el peso de la herencia genética o del ambiente en la conformación de la personalidad.

Veinte años tardará Ulises en volver a su patria. El regreso se convierte para él en la finalidad de todos sus esfuerzos. Allí ha dejado esposa, hijo, padres, casa, amigos, es decir, todo lo que hace que una vida tenga sentido. En Ítaca están sus orígenes y eso no lo podrá olvidar nunca. El origen se transforma, de esta forma, en el fin. Al inicio de la Odisea, *Homero nos presenta a Ulises melancólico, sentado en la playa mirando al mar in-*

finito. Está retenido por la ninfa Calipso, que le puede dar absolutamente todo menos lo que él más desea: estar con los suyos:

*"Obligado pasaba en la cueva profunda las noches junto a aquella a quien él no quería, y amado por ella. Y pasaba los días sentado ante el mar, en las rocas, consumiéndose a fuerza de llanto, suspiros y penas, y miraba la mar infecunda, llorando incansable" (*Odisea*, Canto V).*

La historia de Ulises, entre otras muchas cosas que iremos viendo poco a poco, nos habla de la melancolía, ese impulso que nos arrastra hacia nuestros orígenes, ese sentimiento que nos hace sentirnos tristes porque estamos lejos de lo que es nuestro, de lo que nos constituye como personas. Cuando un hombre está lejos de su hogar, está, en cierto modo, lejos de sí mismo. El hogar, la familia, la tierra, los amigos, conforman nuestro origen, lo que es realmente nuestro, y se convierten en punto de referencia en nuestras vidas.

Un título sugerente: El lugar al que se vuelve. Reflexiones sobre la familia *(Rafael Alvira, EUNSA, 1998).*

Una obra indispensable: La Odisea.

Un estudio muy recomendable: Ulises, un arquetipo de la existencia humana *(Pilar Choza y Jacinto Choza, Ariel, 1996).*

25

LA FLOR DEL OLVIDO

En las próximas páginas vamos a hablar de las aventuras de Ulises, el navegante que durante diez años anduvo perdido, hasta que tras pasar todo tipo de peripecias regresó a su hogar. Así comienza la Odisea:

"Habla, Musa, de aquel hombre astuto que erró largo tiempo después de destruir el alcázar sagrado de Troya, del que vio tantos pueblos y de ellos su espíritu supo, de quien tantas angustias vivió por los mares, luchando por salvarse y salvar a los hombres que lo acompañaban; mas no pudo, ¡ay!, salvarlos, no obstante el esfuerzo que hizo.

¡Insensatos! La muerte a sus propias locuras debieron.

Se comieron las vacas del Sol, Hijo de las Alturas, que apartó de sus vidas el día feliz del retorno. Diosa, hija de Zeus, cuéntanos parte de sus andanzas" (*Odisea*, Canto I).

Tras la destrucción de Troya se inició el regreso del ejército griego. Cada rey tomó su camino deseoso de llegar a su tierra. Ulises partió junto a Agamenón, pero una tempestad los separó. Éste llegó pronto a su tierra, pero aquél fue a parar a Tracia, al Norte, al país de los cicones. Allí Ulises tomó la ciudad de Ísmaro y mató a todos sus habitantes excepto al sacerdote de Apolo llamado Marón. En agradecimiento, el sacerdote le regaló doce pellejos de un vino dulce y fuerte. Después del saqueo de Ísmaro, Ulises dio orden a sus hombres de regresar a las naves, pero ellos se entretuvieron y fueron atacados por los cicones del interior, provocando la muerte de seis hombres por nave. Tras la última batalla, zarpó la flota de Odiseo camino de Ítaca.

Los barcos tomaron rumbo al sur, pero un fuerte viento los llevó hasta la costa de Citera, donde encontraron el país de los lotófagos. Los lotófagos formaban un pueblo extraño: eran pacíficos y se alimentaban de una flor carnosa y blanca llamada loto. Los comedores de loto parecían felices, vivían únicamente en el presente, no sabían quiénes eran sus antepasados ni por qué estaban allí y parecía no importarles en absoluto. Los habitantes de aquellas tierras acogieron con excelente hospitalidad a Ulises y sus hombres, en ningún momento los trataron como extraños, sino como a miembros de su propio pueblo. Aquellas gentes no sólo eran amigables, sino parecían extraordinariamente felices, vivían como en un eterno presente, sin ningún tipo de preocupación.

Los lotófagos invitaron a los hombres de Ulises a comer el fruto del loto, pero él, siempre prudente y precavido, les advirtió:

—"No comáis nada extraño. Más vale sufrir hambre que morir envenenado."

Pero ellos le replicaron:

—"Nada malo puede salir de estas gentes, mira cómo nos han tratado desde que llegamos a estas tierras."

De esta forma, desobedeciendo los consejos de Ulises, algunos de sus hombres aceptaron la invitación y comieron de la dulcísima pulpa de la flor del loto. Ocurrió entonces que junto al placer del gustoso alimento se sintieron como embriagados y olvidaron todas sus preocupaciones. No eran más de media docena los que comieron loto y cuando sus compañeros los encontraron reaccionaron de forma extraña, como si no les hubieran reconocido: habían olvidado sus propios nombres, el de su patria, el de sus padres y sus esposas, no sabían dónde estaban ni hacia dónde se dirigían.

Cuando llegó a Ulises la noticia de semejante transformación ordenó que nadie probara ese fruto y se dispuso a alejarse del lugar. Los hombres envenenados tuvieron que ser introducidos a la fuerza en las naves maniatados. Con las manos vacías y la preocupación por los compañeros amnésicos, salieron sin rumbo del país de los lotófagos.

Sugerencias

Hay algo extraño, seductor, atractivo, en esta historia. Una flor que produce el olvido es mucho más que una simple droga. Somos lo que somos por la memoria, si la perdemos, si sepultamos nuestro pasado, dejamos de ser, dejamos de tener una consistencia existencial. Un hombre sin pasado no es, porque el pasado es lo que nos constituye como personas. Sin pasado no hay futuro, no hay proyecto, no hay persona. Es lo que les ocurre a los hombres de Ulises, al olvidar el pasado han perdido el futuro, el sentido de sus vidas: han olvidado el regreso. Porque el regreso no es sólo un movimiento hacia atrás, sino hacia delante, es la onda expansiva del pasado. El que bebe para olvidar un fracaso amoroso (otro mito de la flor del loto), en la medida que olvida, pierde la capacidad de volverse a enamorar. En el fondo no quiere tanto olvidar como no volver a ser presa del amor. Su fracasado amor ha sido tan intenso que no cree posible un amor más grande que pueda ahogar el amor pasado.

Ya se ve que la flor del loto es tremendamente peligrosa. Pero su verdadero peligro no radica en el olvido que provoca, sino en que también se olvida que su ingestión produce el olvido. Los lotófagos no pueden saber que su alimento produce el olvido, porque lo olvidan. Un ejemplo más actual: se puede decir que las drogas llamadas de diseño (las pastillas) contienen el polen del loto, no tanto porque el que las consume olvide, sino porque pierde la conciencia de que se está drogando.

A veces, olvidar puede ser un ejercicio saludable, pero olvidarlo todo resulta nefasto. Es paradójico: sin olvido no hay memoria.

26

POLIFEMO, LA FUERZA VENCIDA POR LA ASTUCIA

Quizá la leyenda más popular de la *Odisea* sea la aventura en la isla de los cíclopes. Es la primera vez que Ulises se topa con un ser monstruoso, un gigante con un solo ojo en la frente. El hombre, ante lo infrahumano, sólo puede hacer uso de su mayor astucia: inferior en fuerza, es superior en inteligencia.

Desde el país de los lotófagos, Ulises y sus hombres llegaron a una extraña isla, donde encontraron las huellas de enormes pies. Como necesitaban provisiones, Ulises se aventuró a explorar aquella tierra con una docena de hombres. Cogió el vino que le había obsequiado Marón para ofrecerlo a los habitantes de aquel lugar y se adentró en la isla, dejando el aviso a los que se quedaban en las naves de que estuvieran preparados para una rápida retirada.

Pronto llegaron a una cueva con una abertura muy grande. Dentro encontraron abundante leche, carne y enormes quesos. Rápidamente comenzaron el avituallamiento, pero fueron sorprendidos por el dueño de la caverna que llegaba con sus ovejas. Los hombres de Ulises se llenaron de espanto al ver al gigante con un solo ojo en medio de la frente. Al encontrar a los extraños en su guarida cerró la entrada con una descomunal piedra y se dirigió a ellos diciendo:

—"¿Quiénes sois y qué me estáis robando?"

—"Somos griegos —respondió Ulises— que venimos errantes de Troya y no te estamos robando, sino que imploramos nos acojas bajo las leyes sagradas de la hospitalidad."

El gigante se rió de las palabras de Ulises y dijo que él era hijo de Posidón, el dios más poderoso, y que estaba por encima de esas leyes sagradas que sólo los cobardes imploran. Sin tiempo para reaccionar, cogió a dos hombres y los devoró como un soldado hambriento come un muslo de pollo. Los compañeros de Ulises, horrorizados, se acurrucaron al fondo de la cueva tapándose la cara, pero él se enfrentó al monstruo diciéndole:

—"¿Así es como tu padre Posidón te ha enseñado a tratar a los hombres, aprovechándote de su debilidad?"

A lo que el cíclope replicó:

—"Debería comerte a ti ahora, pero te dejaré para el final, pues pareces el jefe. Os comeré de dos en dos y os demostraré que la raza de los cíclopes es mejor que la de los humanos."

Mientras oía estas terribles palabras, Ulises buscaba la forma de salvar a sus hombres. Para ganar tiempo comenzó a hablar con el gigante y le preguntó por su nombre.

—"Me llamo Polifemo, hijo de Posidón. Y tú, ¿cómo te llamas? Me gustaría saber el nombre del hombre que me voy a comer" —dijo el gigante y volvió a reír.

Para sorpresa de sus compañeros, Ulises respondió:

—"Nadie es mi nombre" —y le ofreció el vino que había traído del país de los cicones—. "Esto es vino, tan dulce como el néctar divino, bebida de reyes, que desata la lengua y alegra el corazón."

Polifemo, que tenía sed, bebió sin medida alabando las delicias de aquella bebida. Uno tras otro ingirió los doce pellejos del vino de Marón y acabó totalmente ebrio, de tal manera que cayó en un profundo sueño.

Cuando los hombres de Ulises vieron al gigante dormido pensaron en matarle, pero su jefe les hizo ver que si lo hacían no podrían salir nunca de aquella cueva, pues necesitarían un ejército entero para mover la piedra que taponaba la salida. Ulises mandó hacer punta a una gran estaca que servía de puerta en el corral donde guardaba Polifemo sus ovejas y ordenó que la endurecieran acercándola al fuego que había encendido el gigante en el centro. Cuando el arma estuvo preparada la clavaron con todas sus fuerzas en el único ojo del gigante. Polifemo despertó gritando de dolor, se quitó la estaca pero había quedado ciego. Comenzó a dar manotazos en todas las direcciones maldiciendo al extranjero que le había herido, sin poder alcanzar ni a Ulises ni a ninguno de sus hombres, que se habían escondido entre las ovejas.

Los terribles gritos de Polifemo llegaron a oídos de otros cíclopes que se acercaron a su guarida y le preguntaron qué le pasaba. El pobre gigante gemía y repetía:

—"Me han cegado, me han cegado."

—"¿Quién te ha cegado?" —preguntaban sus compañeros desde fuera.

—"¡Nadie me ha cegado!" —gritaba Polifemo.

Ante esta desconcertante respuesta y la voz distorsionada por la borrachera, los cíclopes que habían acudido en su ayuda se marcharon pensando que su compañero no estaba en sus cabales.

Toda la noche estuvo Polifemo maldiciendo a Nadie y dando sacudidas en vano. Al amanecer, el gigante ciego movió la gran piedra para sacar su rebaño a pastar y se quedó en el umbral palpando el lomo lanudo de sus ovejas. Ulises ordenó a sus hombres colgarse del vientre de los animales, que eran de un tamaño casi el doble que las ovejas normales, y así pudieron salir de la cueva sin que Polifemo se diera cuenta. El cíclope volvió a colocar la piedra en su sitio y fue a la orilla del mar a suplicar el auxilio de su padre. Ulises y sus hombres fueron más rápidos y llegaron pronto a las naves, que zarparon sin demora.

Desde el mar se veía a Polifemo ciego implorar a su padre. A media legua de la orilla Ulises, orgulloso de su hazaña y enfurecido por la pérdida de dos de sus hombres, le gritó:

—"Dile a tu padre que Ulises de Ítaca fue el hombre que te hirió."

Sugerencias

La fuerza de la razón pudo más que la razón de la fuerza. El ingenio de Ulises, la sabiduría y la prudencia de todas y cada una de sus decisiones, le permitieron salir victorioso de un callejón sin salida. Si el marinero se hubiera precipitado, si no hubiera previsto lo que podía pasar, si se hubiera dejado llevar por la ira, como pretendían sus compañeros, probablemente hubiera cavado su propia tumba. Pero Ulises medita, delibera antes de ejecutar, no hace nada hasta verlo todo claro, hasta tener una salida asegurada, pero cuando ya ha decidido, acomete su empresa con energía, seguro de sí. ¿No es un ejemplo de obrar racional?

La prudencia de Ulises es providente, porque ve lo que puede pasar antes de que ocurra. Como si se supiera ya el guión dice que se llama Nadie, y ve la forma de salir de la gruta cuando parece del todo imposible. La mente de Ulises debe tener muchos elementos en cuenta: el ojo de Polifemo, la piedra enorme que cubre la entrada, el vino que lleva, el nombre que debe dar para confundir a los otros cíclopes, las ovejas, la estaca, y ordenarlos de manera lógica, deduciendo de unos lo que ha de hacer con los otros. El ser infrahumano, que no respeta las leyes sagradas de la hospitalidad, tampoco dispone de esa divina herramienta que con tanta perfección maneja Ulises.

No es de extrañar que en su ensayo titulado Desfile de modelos, *José Ramón Ayllón considere a Ulises el primer modelo de la conducta genuinamente inteligente. No me resisto a citarlo:*

"Ulises constituye un ensayo perfecto del extraordinario microcosmos humano, con toda su infinita variedad de acciones, pasiones y sentimientos. Ulises es la respuesta de Homero a la más vital de las preguntas: qué significa ser hombre. En Ulises Homero nos propone la que él considera la mejor de las conductas posibles, la más humana, la más conforme a la naturaleza anfibia del animal racional. Lo propio de la libertad inteligente es tender puentes hacia el futuro. Puentes desde lo que soy hacia lo que quiero ser. Pero lo que quiero ser, todavía no es. ¿Cómo puedo, entonces, dirigirme hacia lo que todavía no es? Ya sabemos que el verbo prever es la respuesta. Prever significa ver lejos (procul videre), *anticipar el porvenir* (pro videntia). *Y de esas raíces latinas surge la prudencia: el arte de dar los pasos oportunos para conseguir lo que todavía no tengo. Con una imagen bancaria, diríamos que el hombre, cuando es dueño de su libertad y busca en su inversión el máximo beneficio, descubre la prudencia. La prudencia es la previsión inteligente por la que el hombre es dueño de sí, se conduce rectamente, escoge lo mejor y se beneficia de sí mismo. Para Homero, Ulises es su prototipo, su modelo más acabado. Le llama prudente en múltiples ocasiones porque todo lo emprende y ejecuta al detalle, ata todos los cabos, nada le pasa inadvertido. Es el hombre que siempre obra lo mejor, el de pensamientos complicados, el primer representante de la excelencia humana" (*Desfile de modelos, *Rialp, 1998, pp. 32-33).*

Estamos en la isla de Sicilia, poblada por gigantes, tal y como lo cree probado científicamente el ingenioso hidalgo de la Mancha: "También en la isla de Sicilia se han hallado canillas y espaldas tan grandes, que su grandeza manifiesta que fueron gigantes sus dueños, y tan grandes como grandes torres; que la geometría saca esta verdad de duda." (M. de Cervantes, Don Quijote de la Mancha, *II, cap. I).*

27

EL ZURRÓN DE EOLO

El navegante está a la merced de los vientos. Muchas de las ofrendas que hacían los griegos a los dioses (recuérdese el sacrificio de Ifigenia) tenían la finalidad de obtener vientos favorables. Ulises tuvo en sus manos el sueño de cualquier marino: el dios Eolo le entregó un zurrón de piel que contenía todas las corrientes de aire desfavorables, esos soplos caprichosos que convierten la navegación en una aventura peligrosa e incierta. Pero muchas veces, cuando el hombre llega a dominar los vientos, es él mismo el que se convierte en vendaval.

La flota de Ulises salió huyendo de la tierra de los cíclopes y arribó a la isla flotante de Eolo, el señor de los vientos. Ulises fue bien recibido en la mansión de Eolo, donde vivía con sus seis hijos y sus seis hijas. Allí comió y bebió como en su propia casa. Su anfitrión, que ya conocía al viajero, le dijo:

—"Los vientos me traen noticias de todos los confines del mundo, y de Ulises, el marinero, he oído decir que tensa con fuerza las velas y surca el inmenso *ponto* como una culebra un pequeño riachuelo."

—"Si las noticias que tienes fueran ciertas —respondió Ulises— no estaría aquí, sino que haría ya muchos días que descansaría en mi amada Ítaca, donde me espera mi esposa, mi hijo y un pueblo que gobernar. Pero los vientos no me han sido propicios y he vagado de acá para allá sin encontrar todavía el sosiego y la paz."

Eolo, acostumbrado a recibir visitas de muchos navegantes implorándole vientos favorables, sintió lástima de Ulises y le regaló un odre de piel de buey que contenía todos los vientos desfavorables diciendo:

—"Si conservas este zurrón sin abrirlo, en diez días llegarás a tu patria. Mira de no decir nada a tus hombres, no vaya a ser que cometan la imprudencia de desatarlo y tu regreso se haga aún más difícil. Yo te daré una brisa propicia. Tensa las velas de tus naves y parte sin demora."

Inmediatamente se hizo Ulises a la mar llevando consigo el zurrón de cuero atado con una cuerda de plata. El intrépido marinero se propuso no dejar de sus manos el regalo de Eolo ni cerrar los ojos hasta no ver las costas de Ítaca. Así pasó nueve días con sus noches, sin soltar el saco y sin dejarse vencer por el sueño. Pero al amanecer del décimo día cayó en un profundo sueño. Sus hombres le dejaron dormir, pues les daba lástima que se hubiera mantenido en vela durante tantos días, y aunque ya veían las costas de su amada tierra y las hogueras de los pastores, no quisieron despertarle.

Durante todo el viaje algunos hombres de la tripulación se preguntaron qué llevaría Ulises en aquel zurrón que guardaba con tanto celo. Unos decían que Eolo le habría dado oro o plata, otros que piedras preciosas o algún tesoro extraordinario. Tanta fue su curiosidad que cuando vieron que Ulises dormía y que su viaje terminaba, le quitaron el odre de piel de buey y lo abrieron.

Fatal fue el resultado de su impaciencia, porque nada más soltar el nudo de plata, un vigoroso torbellino salió del zurrón y se desencadenaron los más violentos huracanes. Ulises despertó y ordenó arriar las velas, pero fue demasiado tarde, las embarcaciones comenzaron a navegar a la deriva y los ojos del rey de Ítaca vieron con gran pesar cómo las costas de su amada patria se alejaban y desaparecían de su vista. Algunos marineros, que no soportaron verse nuevamente alejados de su hogar, se lanzaron a la mar en un intento imposible por alcanzar tierra a nado y perecieron entre los latigazos de las olas.

Como si se hubiesen desatado todas las fuerzas del infierno, la flota de Ulises fue a la deriva durante muchos días hasta que al fin apareció en la isla flotante de Eolo. El apenado Ulises suplicó al señor de los vientos que le ayudase otra vez a volver a su patria, pero él contestó que nada podía hacer, ya que era voluntad de los dioses que no llegara a su hogar todavía. Entonces Ulises intentó tomar el camino que días atrás le había llevado hasta las costas de Ítaca, pero los vientos lo llevaron hacia el norte al país de los lestrigones.

Prevenido por lo que le había ocurrido en la isla de los cíclopes, Ulises mandó un destacamento de dos hombres para que exploraran el terreno. Ellos encontraron a una joven cogiendo agua y ella los condujo ante su padre, el rey Antífates, quien resultó ser un gigante que mató a uno de ellos y se dispuso a comérselo. El otro hombre consiguió huir perseguido por el ejército de Antífates y pudo alertar a Ulises, que se dio a la fuga. Los lestrigones lanzaron enormes piedras contra la flota griega y hundieron todos los barcos excepto el de Ulises, con el cual pudo huir.

Sugerencias

Para mí, este pasaje de la Odisea *es el más terrible. ¡Qué profundo dolor, qué incontenible congoja, qué estremecimiento debió sentir Ulises al ver cómo se alejaba sin remedio de su tierra después de haber estado tan cer-*

ca! ¡Cuántas veces habría maldecido la curiosidad de sus hombres y su propia debilidad por haberse quedado dormido! Alejándose a la deriva, la más insondable desesperación habría invadido los corazones de aquellos hombres que suspiraban por abrazar a sus mujeres y dormir junto a sus hijos.

Pero no es la primera vez que la curiosidad y la impaciencia provoca un gran mal: piénsese en la caja de Pandora o en Orfeo, que miró hacia atrás cuando estaba a punto de salir del Hades junto a la bella Eurídice (en otro sentido, ¿no pecó Eva de curiosidad e impaciencia cuando aceptó la manzana que le ofreció la serpiente?). Tener algo que se desea con verdadera ansia al alcance de la mano y, cuando se está a punto de conseguir, perderlo, es seguramente la experiencia más terrible que pueda sentir un ser humano. Sólo un gran hombre es capaz de restablecerse de una tal prueba sin caer en la desesperación. Recuerdo al piloto de rallies Carlos Sainz en 1998, a quien en la última carrera, a unos metros del final, teniendo a la vista la meta, se le paró el coche y no pudo proclamarse, por tercera vez, campeón del mundo. Ese momento lo había esperado durante años, día a día había trabajado para conseguir el tricampeonato, pero la fatalidad se cruzó en su camino cuando tenía la victoria al alcance de la mano. Carlos Sainz lloró ante las cámaras, sintió una rabia inmensa, pero no se derrumbó, no abandonó la competición; por eso, más que por sus victorias, es un gran deportista y un gran hombre.

No sé si es comparable la historia de Carlos Sainz y la leyenda de Ulises, pero lo que sí es cierto es que ambos tienen mucho en común. Aparte del tesón, de esa fuerza de ánimo que les mantiene activos a pesar de la gran oportunidad perdida, ambos son hombres de una fe inquebrantable en sí mismos. Esa fe de Ulises y de Carlos Sainz (y aquí podríamos añadir, en nuestro tiempo, a muchos grandes deportistas) no consiste en una confianza irresponsable, se podría decir, atolondrada, sino en una convicción profunda en sus propias posibilidades. La persona que cree en sí misma no es la que apuesta siempre a su caballo, sino la que está segura de que puede llegar a la meta y lucha por ello; no es la que nunca tropieza, sino la que tiene la fuerza suficiente para levantarse cada vez que un fracaso le pone la zandilla. No se trata de la fe del especulador que se enriquece gracias a su intuición, pero cuando salta la Bolsa se tira desesperado del séptimo piso. No se trata de la credulidad que desconoce las limitaciones propias y que baja el listón para asegurar el salto (y si no, pasa por debajo). No, la fe en sí mismo siente rabia, dolor, temor, impotencia, angustia... cuando naufragan nuestras expectativas, pero ella misma nunca naufraga.

Esa fe en sí mismo resulta paradójicamente una fe en otro, y por eso, en el fondo, no sucumbe a la desesperación. Ulises (y también los héroes de nuestro tiempo, generalmente deportistas) sabe que su triunfo no depende enteramente de él, es más, sabe que lo que depende de él es más bien el fracaso, por eso no deja el zurrón de Eolo ni consiente en dormir. Si hubiera conseguido llegar a Ítaca, a la meta, el mérito se lo debería a otro. Este convencimiento le salva de la desesperación, cosa que no le ocurre al obstinado especulador de Wall Street que se quita la vida como signo de su falsa omnipotencia.

En este pasaje, al igual que en toda la Odisea, *observamos en Ulises una actitud que no es propiamente griega y que le convierte, como han afirmado muchos, en un personaje moderno. La actitud propia del hombre griego es la resignación ante lo ineludible; ante el Destino, sin embargo, contemplamos en Ulises rasgos propios, diferentes, más modernos, pues le vemos llorar, angustiarse, apretar los dientes de rabia ante las adversidades. Ulises nunca se rinde, vuelve a empezar, confía en sí mismo, persevera y lucha. Se atreve a enfrentarse a la voluntad de los dioses y osa levantar contra ellos el puño. Ulises es prudente, calculador, piensa antes de actuar y por ello mismo se siente independiente, autónomo, libre, pero también presa de la angustia, de ese vértigo de la libertad del que hablaba Sören Kierkegaard.*

Adorno y Horkheimer proponen en su obra común Dialéctica de la Ilustración *(1946) a Ulises como prototipo del hombre moderno. Si el lector no se atreve con esta obra, puede leer el* Ulises *de James Joyce, que aunque bastante extensa, se trata de una novela y siempre es más digerible que un libro de filosofía. Entre uno y otro está el ensayo psicológico de Carl Gustav Jung titulado* ¿Quién es Ulises?

¡Que los vientos os sean favorables!

28

EL BREBAJE DE CIRCE

Lo más indigno que le puede ocurrir a un hombre es convertirse en cerdo. Quizá porque la naturaleza porcina contrasta clamorosamente con la humana: el puerco chapotea en el lodo, husmea el suelo y escarba con su hocico en busca de trufas, vive para comer y muere para ser comido. Por eso, la pócima de la maga Circe resultaba tan temible: porque convertía a los hombres en cerdos, y por eso Ulises debe emplearse a fondo para rescatar a sus compañeros que han caído en las garras de la maléfica bruja.

El barco de Ulises, con el que había logrado escapar de la tierra de los lestrigones, arribó a la isla de Ea. Un grupo de hombres, capitaneado por Euríloco, se adentró en la isla con el fin de explorar el terreno. Llegaron a un valle y allí encontraron un hermoso palacio, rodeado de jardines y fuentes, habitado por la maga Circe, hija del Sol y de Hécate. Los hombres de Ulises fueron bien acogidos en la mansión de Circe, donde descansaron y comieron a placer. La hospitalaria anfitriona les ofreció un sabroso brebaje, que ellos bebieron creyendo que se trataba de un exquisito elixir. Pero la pócima resultó ser un veneno que hechizó a aquellos hombres y los convirtió en cerdos. Circe encerró a los porcinos humanos en las porquerizas de palacio y esperó a que llegara Ulises.

En un descuido del porquero, Euríloco logró escapar. ¡Cuál no fue la sorpresa de Ulises al ver aparecer a un cerdo que hablaba con la voz de su más fiel marinero! Euríloco, entre palabras y gruñidos, le explicó lo ocurrido y cómo se encontraban sus compañeros prisioneros en un estado tan lamentable como el que él mismo presentaba.

Sin pensarlo dos veces, Ulises se puso en camino hacia la mansión de Circe, pero caminaba despacio pensando cómo salvar a sus hombres. Entonces se le apareció el dios Hermes, quien le advirtió que sólo existe un antídoto contra los encantamientos de la bruja: basta con verter en el potingue el polen de una planta llamada *moly* para que el hechizo no haga efecto. Hermes le entregó la planta y Ulises llegó al palacio.

Circe, que estaba esperando a Ulises, lo acogió amablemente y le invitó a comer. Cuando le ofreció el brebaje, Ulises tomó la precaución de mezclarlo con el polen que llevaba, y bebió con tranquilidad. Al ver Circe que su pócima no causaba el efecto esperado, sintió miedo. Ulises, entonces, la amenazó con su espada y le obligó a que desencantara a sus compañeros, quienes, por obra de la maga, volvieron a su estado normal.

Pero la magia de Circe había rozado a Ulises. Logró salvar a sus hombres, pero quedó prisionero de los placeres que le ofrecía su astuta anfitriona. Junto a ella se quedó durante un año, olvidándose del regreso e insensible al paso del tiempo. Al final, Euríloco le hizo volver en sí y abandonaron la tierra de Circe.

Sugerencias

Muchas veces he nombrado a "los hombres" de Ulises y muchas más que quedan por nombrar. Ellos representan a la humanidad desvalida, irreflexiva, que vive todavía en la "autoculpable minoría de edad" de la que hablará Immanuel Kant. A veces, "los hombres" de Ulises son como niños que se meten en líos, que le causan problemas al padre, que se dejan llevar por sus impulsos y luego tienen que esperar al protector que les saque las castañas del fuego. En este sentido, la figura de Ulises adquiere rasgos prometeicos, es el salvador de los hombres, no sólo de "sus hombres", sino de una humanidad que necesita emanciparse.

Por eso, Circe puede engatusar a "los hombres" de Ulises, pero no a él. Ellos se dejan llevar por lo inmediato, no son capaces de interponer racionalidad entre sus necesidades y la deseada satisfacción, son esclavos de los placeres y por eso Circe los convierte en cerdos. ¿En qué otro animal los podría haber convertido?

Es interesante ver cómo en otras versiones los hombres de Ulises son transfigurados en diversos animales según sus propias inclinaciones. Esta interpretación corrobora la idea de que Circe no hace otra cosa que castigarlos con la "animalización" de sus propios vicios.

También en este mito se manifiesta la prudencia y la inteligencia de Ulises. El rey de Ítaca no entra en el palacio de Circe sin antes haber meditado un plan. Claro que ha sido advertido por Euríloco y ayudado por Hermes, pero de cualquier forma Ulises no cae presa del encantamiento de la maga. Esto nos enseña que sin ayuda de los dioses, los hombres son impotentes contra sus propias tendencias, que sin el antídoto probablemente Ulises también se hubiera convertido en cerdo. Pero entonces no habría sido quien es.

De todas formas, Ulises no es impermeable a los placeres sensibles, sino que sucumbe en cierto modo a la magia de Circe. Ahora son sus hombres los que le instan a dejar la tierra de Ea y a continuar el viaje, pero él está cegado por la pasión. No se ha transformado en cerdo, pero su corazón gobierna su cabeza y, aunque man-

tiene la apariencia humana, se ha convertido en un prisionero de Circe.

Lo que le ocurre a Ulises es más grave que lo que les sucede a sus hombres. Ellos se ven convertidos en cerdos, lo cual inmediatamente delata sus vicios, en cambio, el héroe conserva su forma humana y es incapaz de darse cuenta de que está sometido a las leyes del deseo. ¡Qué no le habría dicho su fiel amigo Euríloco con tal de convencerle de que estaba preso de su propia lujuria!

Tras el mito, se nos plantea la siguiente cuestión: ¿los antiguos griegos consideraban menos indignos los placeres de la carne que los de la gula?

29

VISITA A LOS MUERTOS

Nadie puede regresar del más allá, nadie puede visitar a los muertos ni saber de su estado al otro lado. El gran misterio de la muerte sigue inescrutable para los mortales. La certeza más segura que tiene el hombre es que va a morir, a la par nada sabe sobre lo que le deparará su última experiencia. Se trata de un límite infranqueable, del límite constituyente de la condición humana: somos humanos porque sabemos que tenemos que morir, a la vez que no sabemos nada de la muerte. Cuando aquel primate excepcional tomó conciencia de su destino mortal comenzó a ser *Homo sapiens*, comenzó a pensar. Muchos mitos nos hablan de esta experiencia, muchos héroes y personajes legendarios han descendido a los infiernos, a las tierras subterráneas gobernadas por Hades. Uno de ellos fue Ulises.

Antes de partir de la isla de Ea, Circe le aconsejó a Ulises consultar al adivino Tiresias, quien le podría informar sobre el futuro de su regreso. Como el agorero había muerto, debía llegar al final de la tierra y descender al averno.

Tras una larga travesía, los dioses quisieron que Ulises llegara a las puertas del infierno, le permitieron descender el empinado camino y burlar la guardia del can Cervero, el perro de tres cabezas. Por orden de los dioses inmortales, el barquero Caronte le trasladó al otro lado de la laguna Éstige. Allí le salió al paso un grupo de siluetas negras, encapuchadas y silenciosas. No les podía ver la cara, por lo que preguntó:

—"¿Quiénes sois?"

Una de aquellas rígidas figuras se adelantó y dijo:

—"¡Hijo mío! ¿Qué haces en este lugar? No te corresponde a ti estar entre los muertos."

Ulises quedó aterrado al oír la voz de su madre y quiso acercarse para ver su cara. Pero el fantasma de Anticlea le detuvo diciendo:

—"¡No des un paso más! No sea que no puedas salir jamás de este antro, como nosotros. Ahora sabes que he muerto, pero debes saber que en tu patria te espera tu esposa, tu hijo y tu padre."

Conforme iba pasando el tiempo, Ulises comenzaba a reconocer los rostros que se escondían tras las negras capuchas. Los miraba como quien contempla el horror más escabroso, pues sus semblantes mostraban un dolor infinito y una profunda tristeza, que se manifestaba en el vacío de los ojos y en la palidez absoluta de las frentes.

Detrás de su madre reconoció a los héroes que habían luchado con él en Troya. A Agamenón, asesinado por su esposa, a Ayax y a Aquiles y a otros que se encontraban más atrás. No reconoció a todos porque su aspecto demacrado desfiguraba las facciones.

—"Míranos bien, Ulises —dijo uno de los fantasmas—, todo lo que fuimos se ha convertido en nada. Aquí somos lo que ves, almas errantes sumidas en la más absoluta tristeza, ni siquiera podemos alegrarnos pensando en lo que fuimos en vida. Aquí sólo podemos experimentar la amarga desdicha: cada vez que llega uno, como tú, nuestra pena se multiplica. Por eso, Ulises, no des un solo paso más."

Ulises sentía deseos de acercarse al grupo, pero estas últimas palabras lo retuvieron. Desde la distancia preguntó:

—"¿Tan terrible es la condición de los muertos?"

A lo que otro del grupo respondió:

—"Te aseguro, Ulises, que el hombre más desgraciado de la tierra es infinitamente más feliz que ninguno de nosotros. Más vale ser un esclavo en el mundo de los vivos, que rey en el mundo de los muertos".

—"Nadie baja aquí por voluntad propia —tomó otro la palabra—, así que regresa a la vida antes de que Hades te retenga para siempre."

Pero Ulises repuso:

— "No volveré hasta no haber encontrado al adivino Tiresias y haber conocido lo que me depara el destino."

De aquel terrorífico grupo, del que Ulises comenzaba a descubrir que no tenía final, se adelantó un anciano decrépito cuyo rostro apenas se podía ver.

—"Yo soy Tiresias —dijo con voz profunda— ¿qué quieres saber?"

—"Llevo casi diez años errando por los mares desde que salí de Troya —respondió Ulises—, y sólo tengo un anhelo: regresar a mi patria. Sin embargo, los dioses me han negado la dicha del retorno. Quiero saber si podré consumar mi deseo o si debo resignarme y quedarme aquí con vosotros."

—"Regresa, Ulises, con los vivos —dijo Tiresias—, pues llegarás a tu querida Ítaca, desconocido de todos, para poder vengarte de los que pretenden a tu mujer y quieren usurpar el trono que por derecho te corresponde. Pero todavía has de pasar por la isla de las Sirenas, que intentarán retenerte con sus cantos, también por entre las rocas errantes y el estrecho de Caribdis y Escila; llegarás, entonces, a la isla del Sol y, si logras permanecer ayuno, regresarás a tu tierra en un barco extranjero. No te entretengas más en este lugar y deja a los muertos en compañía de los muertos; ésa es nuestra fatalidad."

Ulises miró con ternura a su madre y regresó deprisa, como huyendo de un fantasma aterrador. Cuando subió al barco no dijo nada, pero su semblante manifestaba algo terrible. Sus hombres lo pudieron ver silencioso y pensativo durante tres días y tres noches.

Sugerencias

Tal era el empeño de Ulises por regresar a su hogar que descendió a los infiernos en busca de cualquier información sobre las posibilidades que le quedaban. Cuando se quiere algo de verdad, uno no sólo está dispuesto a remover Roma con Santiago, sino a descender incluso a las profundidades del averno. A Ulises no le aterra el más allá, no le importa enfrentarse a la fuerza suprema, al misterio más insondable, porque está dispuesto a todo por cumplir su objetivo. Claro que sólo a hombres como a Ulises les está permitido llegar hasta el final del camino.

Nosotros decimos: "contigo al fin del mundo" y decimos mucho. Ulises lo lleva a la práctica: se enfrenta a los abismos del final de la tierra y se sumerge en la profundidad desconocida de donde no sabe si podrá salir jamás. Es a la vez un privilegio y una osadía. Lo mismo les ocurrirá a otros, a Orfeo y a Heracles, por ejemplo, y en la tradición latina a Eneas. El resto de los mortales no podemos participar de esa prerrogativa simplemente porque no somos héroes, porque carecemos de ese abandono total en manos del Destino que muestran Ulises, Orfeo y Heracles.

Este mito es triste. La información que nos trae Ulises no puede ser más desalentadora: la muerte es angustiosa y la condición de los muertos desventurada. Estar muerto supone la pérdida de la felicidad y de la esperanza. Sin embargo, a mi juicio, no es éste el mensaje que nos quiere transmitir Homero, sino otro bien diferente. La condición que presentan ante los ojos de Ulises las almas de los muertos indica que están esperando algo; aunque son incapaces de esperanza, su actitud es de espera. Esperan que llegue alguien que los pueda liberar, por eso, no muestran alegría al ver a Ulises porque saben que no puede ser él quien los libere. No podemos deducir mucho más desde la limitada teología que late en la mitología griega. Los dioses se lo pasan bien en el Olimpo, disfrutan de una vida eterna, fácil, regalada, parece que se preocupan por los hombres, pero no les pueden hacer partícipes de su vida. Hay un déficit teológico (o mejor escatológico) en la mitología griega que ponen de manifiesto los macabros contertulios de Ulises.

Lo que manifiesta este pasaje de la Odisea *es que hay vida después de la muerte, pero que es una vida insípida, triste, infeliz, sin sentido. Los muertos que dialogan con Ulises no son condenados, sino almas errantes que esperan que algún dios baje del Olimpo y los libere.*

30

EL CANTO DE LAS SIRENAS

Sólo un mortal escuchó el dulce canto de las Sirenas y permaneció vivo: fue Ulises, quien arriesgó todo por poder experimentar el límite de la seducción. ¡Cuántas veces hemos sentido el canto de las Sirenas! ¡Cuántas veces nos hemos dejado seducir por su dulce voz! ¡Cuántas veces hemos caído en la trampa de la seducción! Lo que no hemos sido capaces de hacer es nadar y guardar la ropa, es decir, seducir a la propia seducción como hizo Ulises.

Tres días y tres noches permaneció Ulises pensativo y silencioso. El barco navegaba veloz impulsado por los vientos que lo devolvían al mundo de los vivos. Al cuarto día se hizo una gran bonanza, una calma total. El viento generoso que les había acompañado durante tres días desapareció y las aguas se serenaron como si se tratara de las de un pequeño estanque. A la distancia de un tiro de arco se veía la costa de una hermosa isla hacia la que se dirigían imperceptiblemente.

Ulises recordó entonces lo que le había dicho Tiresias y comprendió que se acercaban a la isla de las Sirenas. Por eso, puso en guardia a sus hombres, les ordenó que le ataran fuertemente al mástil del barco y que remaran sin detenerse por nada del mundo ladeando la isla. Antes de que le ataran reblandeció un puñado de cera que llevaban para proteger las cuerdas y les mandó que se taponaran los oídos y que no le desataran aunque se lo implorara a gritos.

Se hizo como ordenó y Ulises quedó amarrado al mástil y sus hombres ensordecidos por la cera. Cuando se aproximaron a la isla comenzó a sentirse un dulce canto, el canto más hermoso que se haya escuchado jamás, era una música divina con voces angelicales que prometían la felicidad plena a los viajeros que amarraran en aquella costa. Ulises sabía que muchos marineros habían perecido en aquel paraje devorados por las Sirenas, terribles mujeres con cuerpo de pájaro que seducían a los navegantes para atraerlos a su lado y comérselos después. Sin embargo, al oír aquel canto, la mente de Ulises se quedó en blanco y su corazón sólo deseaba quedarse allí.

El canto de las Sirenas musitaba en los oídos de Ulises que aquella tierra era Ítaca y que Penélope le esperaba. Podía oír la voz de su hijo y de su esposa que lo llamaban. En ese momento, al verse atado y al darse cuenta de que el barco no se detenía comenzó a gritar desesperado a sus hombres:

—"¡Soltadme! ¡No sigáis! Estamos en Ítaca, hemos llegado al fin. ¿No oís a Penélope y a Telémaco? ¿No reconocéis la tierra de vuestros padres?"

Pero sus hombres no le podían oír y seguían remando. Pasaron muy cerca del acantilado, entonces Ulises gritó y gritó y hacía lo imposible por desatarse, hasta que le sangraron las muñecas y los tobillos.

Cuando ganaron la espalda a la isla, cesaron los cantos y Ulises quedó derrotado y exhausto. Al poco tiempo se le acercó Euríloco y le soltó. Ulises comprendió lo que había ocurrido e indicó a sus hombres que dejaran de remar y que se quitaran los tapones. Explicó con gran pesar a la tripulación lo que había experimentado. Entonces comenzó a soplar un viento propicio y continuaron el viaje.

Sugerencias

Otra vez podemos contemplar el temple humano de Ulises. Por una parte, estamos ante un hombre astuto y prudente, que prevé lo que puede pasar, que se prepara para enfrentarse con la dificultad; por otra, ante un marinero osado e impulsivo, que se pone en peligro con el fin de experimentar las delicias de la vida.

Lo que más me llama la atención de este fragmento de la Odisea *es la capacidad que tiene Ulises para engañar a la seducción. Se puede decir que fue el héroe de Ítaca quien sedujo a las Sirenas, no al revés. Las cuerdas que lo amarraron al mástil de su barco y la cera que taponó los oídos de sus hombres le permitieron gustar del dulce canto sin perder la vida. Justamente lo que hace peligrosa a la seducción es lo que se cobra, lo que nos pide a cambio. La seducción promete las fruiciones más placenteras, pero nos exige mucho. Evitar la tentación, esquivar la seducción, es lo que se hubiera esperado del saber prudente de Ulises; sin embargo, él se pone en sus manos, eso sí, aferrado fuertemente al palo de su embarcación.*

Ulises saborea la seducción, pero no cae en su engaño. Y lo consigue gracias a las cuerdas que lo encadenan a la realidad, pero sobre todo a la cera que ensordece a sus hombres. Porque la cera que impidió a los hombres de Ulises escuchar el canto de las Sirenas les impidió también oír las órdenes de su patrón.

Los griegos imaginaron a las Sirenas como terribles monstruos, mitad mujer mitad pájaro. En la actualidad las representamos como hermosas hembras con medio cuerpo de pez. Está claro que para nosotros la seducción no es tan peligrosa como lo era para los antiguos. Quizá sea una artimaña de las propias Sirenas para cogernos desprevenidos, sin cuerdas ni cera.

Ahora está de moda dejarse seducir. "¡Déjese seducir por nuestro producto!" ha sido un eslogan publicitario de bastante éxito. Para ser seducido hay que "dejarse", porque nadie es tan buen seductor que pueda llevarse por sus propios medios todos los gatos al agua. Si no dejamos alguna puerta abierta, el seductor no tiene por dónde colarse. Pasa algo parecido con el mentiroso, el tramposo o el timador: necesitan que por lo menos entremos en su juego. "No te dejes engañar" le decimos a quien vemos en peligro de caer en sus redes. Ser seducido se considera un privilegio, una distinción, un honor. Me recuerda a esas cartas publicitarias que nos saludan con letras rojas: "Ha sido usted elegido para...". Al final, resulta que hemos sido elegidos para consumir un nuevo producto. Nunca como ahora han tenido tanto trabajo las sirenas.

31

LAS VACAS DEL SOL

Una de las encrucijadas por las que tiene que pasar el desconsolado Ulises la describe Homero en el canto XII de la *Odisea*. Llegados a la isla donde pacen las vacas del Sol y por no perecer de hambre, los hombres de Ulises, desobedeciendo los consejos de su jefe, devoraron la carne de aquellos sagrados astados. El soberano astro, terriblemente entristecido, clamó venganza a Zeus, quien provocó el naufragio del buque. Sólo el rey de Ítaca, que se había abstenido de comer carne vacuna, pudo arribar a tierra; a los demás "un dios los privó del regreso".

Después de bordear la isla de las Sirenas, el buque de Ulises fue llevado por los dioses al estrecho de Caribdis y Escila, monstruos marinos que devoraban a todo aquel que se aproximaba. Sin embargo, la expedición pudo atravesar el paso y llegó a una isla llana y verde.

Ulises y sus hombres llevaban varios días sin comer, por lo que desembarcaron en aquella tierra que prometía contener provisiones suficientes para satisfacer su hambre durante el resto del viaje. Se adentraron en la isla con arcos, espadas y lanzas en busca de algún ciervo o algún jabalí. Pronto comprobaron que abundaban los pastos y el agua, pero que, sin embargo, no había árboles frutales ni raíces comestibles. Subieron una pequeña colina y llegaron a una meseta plana como la palma de la mano donde descubrieron con gran júbilo un rebaño de hermosas vacas blancas. Los hambrientos marineros templaron sus lanzas dispuestos a arremeter contra los tranquilos animales. Pero Ulises, que sabía que se trataba de astados divinos, los detuvo diciendo:

—"Podéis tomar cuanto queráis de esta isla, pero dejad en paz a esas níveas vacas, ya que son hijas del Sol. Quien coma de su carne se enfrentará al mismo dios de las estrellas."

Al oír la orden de su capitán, los marineros se entristecieron y se quedaron sentados sobre la hierba contemplando las enormes vacas blancas que pacían mansamente ante ellos. Ulises vio tan abatidos a sus hombres que los dejó que descansaran y se fue solo a explorar la isla en busca del avituallamiento necesario para seguir el viaje.

Todo un día estuvo Ulises recorriendo la isla sin encontrar otra cosa que verdes praderas. Cuando volvió al lugar donde había dejado a sus hombres los encontró comiendo carne de las vacas sagradas. Habían sacrificado dos reses, una les había saciado el hambre y la otra la estaban preparando para ofrecerla en holocausto. Al contemplar semejante sacrilegio, Ulises montó en cólera increpando duramente a sus marineros:

—"¡Qué hacéis, hombres insensatos! ¿Acaso pretendéis provocar la ira de los dioses? ¿Acaso pensáis que ofreciendo como holocausto a uno de sus hijos vais a aplacar la furia del rey del firmamento? Habéis cometido una terrible estupidez. ¿Qué clase de hombres sois que no habéis podido permanecer en ayuno? ¿Manda más en vosotros el estómago que la cabeza? Dejad que sea yo vuestra cabeza y huyamos antes de que la venganza del que todo lo ve caiga sobre nosotros."

Cuando acabó su increpación se oscureció el cielo y se levantó un fuerte viento. Todos comenzaron a correr despavoridos hacia la costa. Subieron al barco y zarparon sin demora. Una fuerte corriente de aire hinchó las velas y los alejó súbitamente de la isla. Cuando estuvieron mar adentro rugió el cielo y una ola gigante se tragó la embarcación. Toda la tripulación pereció triturada por las olas, excepto Ulises.

El bravo marino pudo asirse a un trozo de mástil. Al volver a pasar por el estrecho de Caribdis y Escila fue absorbido por Caribdis. Menos mal que pudo agarrarse a una higuera que crecía a la entrada de la cueva y evitó entrar en la gruta del espantoso monstruo. Cuando la fiera marina soltó el agua que había tragado, Ulises salió despedido con tan buena suerte que pudo volver a asirse al trozo de mástil. En tan precaria condición flotó a la deriva hasta que arribó a una playa, cerca de la desembocadura de un río. Allí quedó inconsciente, oculto entre juncos y matorrales.

Sugerencias

Hay alguna enseñanza, algún mensaje cifrado para los humanos en relación con las vacas en este pasaje mítico. La prohibición expresa de comer carne de las vacas del Sol —que aparece tanto en la Odisea *como en la creencia india de las "vacas sagradas"— tiene un claro sentido moral. Nos recuerda algunos principios de conducta bastante elementales, como: "no quieras satisfacer el apetito de manera inmediata", "si te comes la vaca, no podrás beber su leche", "vale más vaca en la cuadra que chuleta en la brasa",... encaminados a no pensar sólo en el "aquí y ahora", sino en el futuro. El que no es capaz de poner freno al instinto, el que no sabe decir "no", el que no puede mirar más allá de donde pisa, ése no es humano.*

Al hablar de los divinos astados no puedo menos que pensar en la enfermedad de las "vacas locas" que hace años supuso un duro golpe para la economía ganadera en Gran Bretaña y tuvo en vilo a media Europa. De tanto en tanto, la naturaleza protesta con una nueva epidemia. ¿Quién sabe? ¿No estarían las vacas reclamando un poco de respeto, como los astados del astro rey?

32

EN EL PAÍS DE LOS FEACIOS

> En el país de los Feacios asistimos al encuentro del hombre con su pasado. Una persona queda constituida como tal por su pasado. No nos podemos desembarazar de él, pero cuando nos falta no nos reconocemos a nosotros mismos. Necesitamos de nuestro pasado como un animal precisa de su instinto. Nos guste o no, aunque daríamos cualquier cosa por poder cambiarlo, lo que hemos hecho es lo que somos.

La princesa Nausícaa, hija de Alcínoo y Arete, reyes de Feacia, salió con sus esclavas a lavar la ropa. Tras la colada, tendieron los blancos vestidos sobre la arena de la playa y comenzaron a jugar con una pelota de trapo mientras esperaban que la brisa del mar y el sol del mediodía los secaran.

Las voces y risas de aquellas jovencitas, que jugaban alegremente, despertaron al moribundo Ulises, que yacía entre los juncos cerca de donde ellas estaban. Las miró desde su escondite y creyó encontrarse en los jardines del Olimpo, pues tal era la belleza de aquel espectáculo. Tras la divina visión, la mente de Ulises se desvaneció nuevamente.

El juego de Nausícaa y sus doncellas consistía en lanzarse mutuamente la pelota con el fin de evitar que una tercera la cogiese. Uno de los lanzamientos dio con la pelota muy cerca de donde yacía Ulises. Al ir a recogerla, Nausícaa descubrió el cuerpo desnudo y magullado del náufrago. Llamó a sus esclavas y al mulero que les había acompañado y asistieron al moribundo. Le vistieron, le curaron las heridas y le dieron de comer y de beber.

Ulises agradeció a Nausícaa sus cuidados y le preguntó dónde se encontraba. Ella le dijo:

—"En el país del rey Alcínoo, llamado Feacia. Cerca de aquí se encuentra su palacio."

La princesa le interrogó a su vez por su nombre, pero Ulises no supo qué contestar.

—"No recuerdo nada —dijo—. No sé cómo he llegado hasta aquí ni quién soy."

Nausícaa, que había observado en los ademanes de aquel hombre un talante noble, le llevó hasta las puertas de la ciudad y le indicó el camino para llegar al palacio de su padre. Ulises le agradeció lo que había hecho por él y se dirigió hacia donde ella le había indicado, mientras que Nausícaa se fue por otro camino.

Ulises fue bien acogido por Alcínoo y su esposa, Arete, quienes habían sido bien informados por su hija sobre el encuentro del extranjero. Nausícaa mostró especial predilección por el huésped, por lo que su padre organizó unos juegos en su honor. En ellos tomaron parte los jóvenes más fuertes y preparados del país. Al contemplar los juegos, Ulises sintió deseos de participar y solicitó a Alcínoo poder competir. Todos quedaron sorprendidos por la destreza y la fuerza del forastero a pesar de su edad. Ulises ganó los juegos, lo que demostró su origen aristocrático.

Había pasado ya un mes desde que el extranjero había llegado a la tierra de los Feacios y ya se había ganado el respeto, la admiración y el cariño de todos. Tras los juegos, se organizó un gran banquete en reconocimiento de la valía del misterioso náufrago. Durante el banquete en su honor, Alcínoo le entregó al extranjero la mano de su hija Nausícaa, quien se había enamorado de aquel hombre que encontró en la playa. Todos brindaron en honor de los prometidos. Al final del convite, un aedo templó su lira y comenzó a cantar las hazañas de los héroes griegos en el asedio de Troya.

Al escuchar los bellos versos, Ulises se reconoció a sí mismo y comenzó a llorar. Alcínoo hizo callar al trovador y preguntó al extranjero por la causa de sus lágrimas. Entonces él dijo:

—"Al oír a tu rapsoda he recordado que soy Ulises, rey de Ítaca, a quien los dioses vengativos le negaron el regreso a su tierra tras la contienda contra Troya."

Todos quedaron enmudecidos y Ulises continuó:

—"Sólo un anhelo me ha mantenido vivo desde que dejé la bien murada ciudad de Príamo: regresar a mi patria, donde me espera mi fiel esposa y mi amado hijo."

Al decir esto, una sombra de dolor cubrió el hermoso rostro de Nausícaa, pues comprendió que su amor por el extranjero tenía que luchar contra un pasado demasiado poderoso.

Ulises se convirtió entonces en rapsoda sin lira y comenzó a contar todas las aventuras que hasta aquí hemos narrado: cómo estuvo retenido por la ninfa Calipso, cómo salió del país de los lotófagos y cegó al cíclope Polifemo, cómo estuvo muy cerca de las costas de Ítaca, pero sus hombres desataron el zurrón de Eolo y liberaron todos los vientos adversos, cómo fue tentado por Circe y las Sirenas, cómo descendió a los infiernos y cómo les castigaron los dioses por comer las vacas del Sol.

—"Llegué hasta tu tierra —continuó Ulises— tras el naufragio de mi barco. Los dioses inmortales no dejaron que muriera junto a mi tripulación. Ya conoces mi historia, Alcínoo, ahora te suplico me ayudes a regresar a mi patria."

Los que habían escuchado la increíble historia que había narrado el extranjero, se quedaron maravillados. Alcínoo tomó la palabra y dijo:

—"Tu tierra no está muy lejos de Feacia. Fletaremos un barco y podrás regresar."

Ulises agradeció la hospitalidad del rey y se dirigió a Nausícaa con estas palabras:

—"No puedo cumplir mi promesa, pues mi memoria me guardaba un compromiso anterior. Gracias por haberme querido, y perdóname."

Ella rompió a llorar y se fue.

Al cabo de una semana, el barco que debía culminar el viaje de Ulises estaba dispuesto para zarpar. Embarcó y se despidió de Alcínoo, Arete y Nausícaa. A los pocos días, Ulises llegaba a Ítaca en un barco extranjero, tal y como había predicho Tiresias.

Sugerencias

Probablemente, si Ulises no hubiera escuchado su propia historia en labios del aedo, jamás hubiera conocido su auténtica identidad. No se trata aquí de un simple problema de amnesia, sino de algo mucho más profundo. Ulises no sólo ha perdido la memoria, sino la conciencia de sí. Mientras estuvo en el país de los Feacios y hasta que no escuchó los versos del rapsoda, no fue Ulises, sino un extranjero. Es necesario que escuche por boca de otro su propia historia para reconocerse a sí mismo.

Esta historia, tan repetida a lo largo de la literatura de aventuras, me hace pensar que para tener conciencia de uno mismo es necesario que otro cuente nuestra historia. Es decir, si nadie es capaz de contar nuestra historia, simplemente no somos. Esto significa probablemente que debemos construir nuestro pasado para otros, un pasado que pueda ser relatado por otros. Robinson Crusoe sin Daniel Defoe carece de identidad. No basta con que nos contemos nuestra historia a nosotros mismos, necesitamos que alguien más la conozca.

El episodio de Nausícaa es un lugar muy visitado por la literatura romántica: la princesa que se enamora del desconocido. Ese amor parece imposible porque pretende unir dos personas de rango heterogéneo; sin embargo, la astucia de la ficción siempre acaba descubriendo la nobleza innata que escondía la apariencia villana del protagonista. El enamoramiento de Nausícaa tiene todos estos ingredientes, lo que ocurre es que para ella no acaba bien la historia. Cuando se descubre la condición aristocrática del extranjero y su padre accede a entregársela al desconocido, justo en ese momento su prometido descubre una vida pasada en la que está unido a otra mujer. Pero la tragedia de Nausícaa queda en un segundo plano. Lo importante es el recuerdo de Ulises y la enamorada es utilizada por el destino para descubrir los rasgos nobles del desconocido. Como un perro que manda el cazador por delante para hacer salir a la presa de su refugio, del mismo modo utiliza Homero a Nausícaa para descubrir el fondo regio de Ulises.

33

PENÉLOPE, LA FIEL ESPERA

Tradicionalmente se ha considerado a Penélope, la esposa de Ulises, que espera su regreso tejiendo y destejiendo, el paradigma de la compañera fiel. Penélope es la mujer madura y hermosa, pero con una hermosura que debe más a su virtud de cónyuge fiel y paciente que a su belleza exterior. Desde la lejanía, la esposa de Ulises cumple una función atractiva: ella es la razón más fuerte que tiene el navegante para regresar. Pero la imagen de la mujer que espera se ve desfigurada por el hombre que se siente esperado. El inevitable machismo que arrastramos desde los albores de nuestra civilización pervierte lo que representa Penélope. Por eso, en la actualidad nos resulta su figura obsoleta e ignominiosa.

Ulises salió de Feacia lleno de los tesoros que le había regalado el rey Alcínoo. Al llegar a Ítaca sucumbió a un profundo sueño por lo que los marineros feacios lo dejaron oculto en la costa con todas las riquezas que traía consigo. La nave regresó a Feacia, pero antes de llegar, el dios Posidón la convirtió en una roca por haber contribuido a que Ulises llegara a su tierra.

Penélope seguía esperando a su marido. Ni ella ni su hijo Telémaco, quien había recorrido las costas del Peloponeso en busca de su padre, habían perdido la esperanza de su retorno. Pero la casa de Ulises se encontraba invadida por un numeroso grupo de pretendientes, quienes esperaban casarse con la viuda del rey y hacerse con el trono de Ítaca. Los ciento ocho pretendientes dilapidaban la fortuna de Ulises mientras aguardaban una decisión de Penélope. Ella les había dicho que no tomaría partido por ninguno de ellos hasta que no terminara la mortaja del anciano Laertes, pero les mantenía en vilo porque la tela que tejía durante el día la destejía durante la noche, de tal manera que el día de tomar una decisión nunca llegaba.

Cuando Ulises despertó reconoció al momento su tierra. Rápidamente resolvió no acudir a palacio, sino presentarse a Eumeo, el jefe de sus porquerizos, que lo conocía desde su infancia. Pero su criado no lo reconoció hasta que le enseñó una cicatriz que tenía en la rodilla; entonces, amo y criado se fundieron en un sentido abrazo. Eumeo le puso al corriente de la situación. Allí encontró también a Telémaco, al que llenó de besos. Dadas las circunstancias decidieron que Ulises se presentara en Palacio disfrazado de mendigo.

Así lo hizo. Cuando llegó a Palacio no fue descubierto por nadie, sólo su perro Argo, de más de veinte años de edad, lo reconoció. Al ver a su amo, el viejo animal se levantó y al punto cayó muerto.

Ulises comenzó a pedir limosnas a los pretendientes, que se reían de él. Penélope, enterada de que había llegado un mendigo extranjero, pretendía verlo para preguntarle si traía nuevas sobre su esposo, pero Telémaco, por indicación de su padre, no permitió que se llevara a cabo la entrevista hasta el anochecer.

Cuando se encontraron, Ulises, haciendo un esfuerzo sobrehumano, no se dio a conocer a Penélope, sino que actuó como un mendigo extranjero que no había visto a su esposo, pero que había oído decir que estaba vivo. Penélope le contó que había soñado con su regreso, pero que sólo era un sueño. Ella seguía amando y esperando a su esposo, pero no podía hacer esperar más a los pretendientes, que estaban arruinando su casa. Le explicó al extranjero, quien se guardaba bien de ocultar el rostro y disimular la voz, que había planeado celebrar un concurso para saber quién era capaz de tensar el arco de su esposo y utilizarlo mejor.

Ulises le animó a que llevara a cabo su proyecto y se despidió. Antes de acostarse en el patio, ordenó a Telémaco que escondiera todas las armas que hubiera en el palacio.

Al día siguiente se inició el concurso. Penélope prometió su mano a aquel que tensara el arco de Ulises y atravesara con una sola flecha los vanos de cinco hojas de hacha alineadas. Todos lo intentaron, pero ninguno lo consiguió. Al fin, el mendigo solicitó poder probar suerte. Los pretendientes se mofaron de él, pero Penélope le permitió participar. Para sorpresa de todos, el extranjero tensó el arco y atravesó los cinco vanos. Entonces se inició una cruenta lucha en la que perecieron todos los pretendientes y aquellos criados que habían sido infieles.

Tras la matanza, Ulises se dio a conocer a Penélope. Para convencerla de su verdadera identidad le describió la cámara nupcial que construyó con sus propias manos. Penélope y Ulises vivieron felices y envejecieron juntos.

Sugerencias

El modelo de hombre y mujer que nos describe Homero ha pervivido en la cultura occidental durante siglos. Quizá en nuestra época esté comenzando a cambiar, pero en esencia, el rol de esposa fiel, que se adjudica casi por unanimidad a la mujer, y el de aventurero, que reclama para sí el hombre, se han mantenido inalterables a lo largo de los siglos.

Penélope es fiel de diferente manera a como lo es Ulises. Es más, se podría decir que a Penélope le corresponde "por naturaleza" ser fiel, mientras que a Ulises no. Él es fiel porque vuelve, ella porque se queda, porque espera su regreso. La fidelidad del hombre es una actitud abstracta, la de la mujer un cumplimiento concreto. Ulises puede cometer pequeñas infidelidades, porque en esencia no es infiel, puede tener diversas amantes accidentales a lo largo de sus viajes: Calipso, Circe, y otras que recoge la tradición, pero ama esencialmente a Penélope. La esposa no puede tener siquiera un desliz sentimental, debe vivir su lealtad día a día y esperar día a día, no puede correr una aventura, porque sería indigno de su estado, un estado que le exige una fidelidad esencial y accidental.

Existen razones para pensar que este relato es el más humano, es decir, el menos mítico de la Odisea. *En él no intervienen monstruos marinos, ni gigantes, ni dioses, sino solamente seres humanos. Por eso, me resisto a pensar que esta concepción de lo femenino y de lo masculino sea una indicación de los dioses. El papel otorgado al hombre y a la mujer no resulta de una exigencia natural, sino que tiene un significado moral, en el sentido etimológico de "costumbre", es decir, un alcance más bien sociológico y cultural. Me explicaré. En una sociedad eminentemente guerrera, el hombre (en el pueblo de las amazonas sería al revés) debe salir y conquistar, mientras que la mujer debe quedarse y proteger. Tan importante es lo uno como lo otro, pero ambas funciones requieren virtudes diferentes. El que conquista debe correr aventuras, debe arriesgarse, debe tomar la iniciativa; en cambio, el que protege debe ser cauto, estar a la defensiva, no abrir la puerta. Para conquistar hay que avanzar siempre sin retroceder, para guardar hay que tejer y destejer como hacía Penélope.*

Es indudable que estas virtudes, desigualmente distribuidas entre hombres y mujeres, cumplen una *misión sociológica y cultural inestimable. La cuestión latente es el grado de vigencia que puedan tener en nuestra sociedad. Con el lenguaje de Gilles Lipovetsky se podría decir que Penélope representa a la "primera mujer", dependiente del hombre, inferior y subordinada a él. Lo que el sociólogo francés llama la "segunda mujer", idolatrada y exaltada, pero tampoco dueña de sí porque es creada por el hombre, estaría representada por Helena. Falta la "tercera mujer", que rompe con la concepción femenina del pasado, porque ya no depende del hombre, sino que se construye a sí misma. Esta "tercera mujer", como bien pone de manifiesto Lipovetsky, "marca una innegable ruptura histórica", pero a pesar de ello "nos guardaremos mucho de asimilarla a una mutación que hace tabla rasa del pasado". Parece que tanto Penélope como Helena son parte de la mujer del presente: "Ciertamente, en la actualidad —afirma Lipovetsky— se reconoce a mujeres y hombres el derecho a ser dueños de su destino individual, mas ello no equivale a un estado de intercambiabilidad de sus roles y lugares." Y continúa: "A todas luces la variable sexo sigue orientando la existencia, fabricando diferencias de sensibilidad, de itinerarios y de aspiraciones" (*La tercera mujer, *op. cit.*, p. 220).*

Existe una versión poética de la espera de Penélope que a mí me seduce mucho más que el relato homérico. Se trata de la canción de Joan Manel Serrat del mismo título. Penélope espera en la estación, sentada en un "banco de pino verde" a aquel caminante que la enamoró hace mucho tiempo y que "paró su reloj una tarde de primavera". A fuerza de esperar, Penélope va tejiendo en su mente la figura perfecta de su amante, y cuando él regresa no lo reconoce: "tú no eres quien yo espero", le dice, y continúa esperando "con su bolso de piel marrón / y los zapatitos de tacón / sentada en la estación".

La espera es dura, pero tiene ese encanto del que habla la canción de Serrat: esperando se acostumbra a esperar. Mientras se espera se experimenta el roce de la felicidad. Ésta dura muy poco, pero aquél puede perpetuarse mientras se sigue esperando. Penélope no espera a Ulises, sino que simplemente espera, él no representa sino la ocasión para que ella se encuentre saboreando el límite de la felicidad. Quizá Homero no esté tan lejos de esta visión poética, porque lo que él nos dice es que Penélope teje y desteje mientras espera, no que espera mientras teje y desteje.

Lo que ocurre es que siempre que se espera se va tejiendo y destejiendo, y la mente se forma un ideal inalcanzable. Por eso, para ser digno de la espera, Ulises debe ponerse al nivel del ideal que ha tejido la imaginación de Penélope. Homero se encarga de hacernos ver cómo el rey de Ítaca merece el nombre de héroe y se hace merecedor del amor de su paciente esposa. Ulises regresará vestido de mendigo, pero con alma de héroe.

También en el regreso se muestra el talante de Ulises. En todo lo que hace tras su llegada se manifiesta un carácter prudente: en no darse a conocer, en no presentarse en Palacio, en hacerse pasar por mendigo, en ocultar su identidad a Penélope, en esperar hasta el momento del concurso, en ordenar que escondieran las armas. Si se hubiera dejado llevar por sus sentimientos, habría corrido hacia su casa como cualquier hombre que ha estado veinte años fuera. Pero Ulises no sabe cómo están las cosas, desconoce lo que ha acontecido en los últimos años, ignora si su esposa y su trono siguen esperándole; además, no está seguro de que le vayan a reconocer. Presentarse sin haberse cerciorado de estos términos sería un acto imprudente. Ulises se asegura de que todo está bajo control y se va dando a conocer poco a poco.

La marca que sirve a Ulises para ser reconocido es una cicatriz en su rodilla. Este hecho nos muestra la importancia que tienen las cicatrices: son las huellas que deja el tiempo en nuestra biografía. Sin ellas, nuestra identidad se disuelve en lo impersonal.

34

HERACLES, HÉRCULES

Se habla de fuerza hercúlea, no "heraclea". Todo el mundo conoce a Hércules, pero muchos ignoran quién fue Heracles. Los romanos han vuelto a ganar la partida a los helenos, el nombre latino ha prevalecido sobre el griego, la copia ha tenido más éxito que el original. Por si fuera poco, Walt Disney ha hecho una película sobre el héroe grecolatino. Aquí se mantendrá el nombre original, aunque la costumbre y los dibujos animados nos hagan pensar en latín.

Zeus se enamoró de la bella Alcmena, que estaba desposada con Anfitrión. El padre de los dioses y de los hombres buscaba la ocasión para seducir a su amada mortal, y la encontró cuando el esposo tuvo que marchar a luchar contra los telebeos. Aprovechando su ausencia, Zeus adoptó la figura de Anfitrión y sedujo a Alcmena. Pasó con ella toda una larga noche, prolongada por orden del rey del Olimpo. A la mañana siguiente se presentó Anfitrión y por la noche se acostó con su esposa. De esta forma, Alcmena concibió dos hijos gemelos, uno de estirpe inmortal, al que llamaron Heracles, y otro mortal, al que pusieron el nombre de Ificles.

Hera, la esposa de Zeus, celosa de los amoríos de su marido, se enteró de la infidelidad e intentó matar a Heracles. Cuando todavía se encontraba en el seno de su madre, pidió a su hija Ilitía, diosa de los alumbramientos, que retardase el nacimiento del bastardo de Zeus. De esta forma, Heracles e Ificles nacieron tras diez meses de gestación. Los planes de la celosa diosa se truncaron cuando Hermes, por orden de Zeus, acercó al recién nacido al pecho de Hera dormida para que lo amamantara, pues sólo de esta forma podría llegar a ser inmortal. Cuando la divina esposa sintió que Heracles le succionaba el pecho, despertó y lo apartó violentamente. La leche que se derramó dejó en el cielo una blanca estela que llamamos Vía Láctea.

De esta forma adquirió el pequeño Heracles la inmortalidad, pero no dejó de ser objeto de la envidia de Hera. Una noche, mientras dormían los dos gemelos —debían de tener unos diez meses de edad—, la vengativa diosa introdujo dos enormes serpientes en su cuna, que se enroscaron en los cuerpos de las dos criaturas. Al verse apresado, Ificles comenzó a gritar; en cambio, Heracles agarró a una serpiente con cada mano y las ahogó. Anfitrión, que había acudido al oír los lloros de sus hijos, observó lo que había hecho Heracles.

El padre quedó tan sorprendido por lo que había visto que consultó al adivino Tiresias sobre la naturaleza de su hijo. Tiresias le explicó cómo Alcmena había sido seducida por Zeus en su ausencia, sin ella saberlo, y cómo se había entregado al dios creyendo que se trataba de su esposo. Anfitrión comprendió y perdonó a su mujer, pues había sido engañada del mismo modo que él, y no rechazó a Heracles, sino que lo crió y educó como si fuera su propio hijo.

A la edad de dieciocho años, Heracles acometió su primera hazaña. Era ya famosa su fuerza extraordinaria, por lo que fue solicitado por el vecino rey Tespio para que matara al león de Citerón, enorme fiera que devoraba sus ganados. Durante cincuenta días y cincuenta noches permaneció Heracles en el palacio de Tespio, y al cabo logró matar al león. A lo largo de ese tiempo, el rey, que tenía cincuenta hijas, se las arregló para introducir una cada noche en el lecho de Heracles, de tal manera que le diesen cincuenta nietos de estirpe heroica. De este modo, nacieron los Tespíadas, los cincuenta hijos de Heracles.

Tras la muerte del león de Citerón, luchó y venció al rey Orcómeo, a quien los tebanos debían pagar anualmente un fuerte tributo. Como agradecimiento, el rey de Tebas, Creonte, le entregó como esposa a su hija mayor, Mégara. Con ella tuvo varios hijos a los que el héroe dio muerte tras un arrebato de locura, en el que fue sumido por intervención de Hera.

Cuando Heracles volvió a su estado normal y contempló lo que había hecho, quiso quitarse la vida. Pero los que habían visto con horror cómo el padre mataba con sus manos a sus propios hijos, comprendieron que no estaba en su sano juicio y le sugirieron que consultara al oráculo. A Delfos acudió afligido y la pitonisa le ordenó ponerse bajo las órdenes de su tío Euristeo, rey de Micenas, quien le mandó realizar doce trabajos con el fin de expiar su culpa.

Sugerencias

Dos acciones involuntarias abren y cierran este mito: el engaño de Zeus y la locura de Heracles. Ambas son propiciadas por los dioses, en ambas la responsabilidad se esfuma hacia el cielo, pero en ambas las consecuencias son diferentes. La primera trae como resultado la vida de Heracles, la segunda, la muerte de unos inocentes.

Alcmena cree hacer el amor con su esposo, no puede saber que un dios se oculta tras la apariencia de Anfitrión. Cuando se descubre el engaño es perdonada por su marido y comprendida por todos. Esta comprensión, esta forma tan condescendiente de dar carpetazo al asunto, hay que buscarla en las consecuencias que comporta su acción. El efecto de la "infidelidad" involuntaria de Alcmena es amable, positivo, es la vida de Heracles. Sin reducir el sentido del acto a un análisis meramente "consecuencialista", pues tampoco hay maldad en la intención de Alcmena, se comprende que sea perdonada.

La locura de Heracles es provocada por Hera. En ese sentido, el héroe no es responsable ni de su estado demencial ni de lo que realiza en dicho estado. Pero las consecuencias de su locura son nefastas: mata a sus propios hijos. Los que le rodean, los que le han visto actuar bajo el arrebato, comprenden su acción, pero no pueden dejar de sentir repudio por las consecuencias. Heracles está justificado por la intención, pero condenado por los efectos. Por eso quiere quitarse la vida.

El peso de las consecuencias es tal en el segundo caso (también lo es en el primero, pero "se nota" menos), que Heracles asume una responsabilidad que no le corresponde. Nadie puede lavar la sangre que ha provocado, nadie puede justificar un resultado tan infame. Por eso, lo imaginamos peregrino hacia Delfos implorando perdón y castigo.

Algunos piensan que, sin querer, Anfitrión fue demasiado buen anfitrión.

Para endulzar la tragedia, se puede leer Anfitrión *de Plauto.*

35

EURISTEO, LA MISERIA DEL PODER

Muchas veces se nos presenta el poder con toda su magnificencia, engalanado con sus prendas más lujosas, enjoyado hasta las cejas, como el pecho de un militar cargado de condecoraciones. Entonces, vislumbramos en las personas poderosas un halo de grandeza. Pero otras veces el individuo no es digno del poder que gratuitamente se le otorga, es como quien se viste un traje demasiado grande, que no le queda bien; entonces, contemplamos la miseria del poder. El que ostenta una autoridad inmerecida la suele utilizar para disimular su impotencia, produciendo en los oídos ajenos una estridencia insoportable. Ejemplo de la debilidad de algunos poderosos es la figura de Euristeo.

Cuando Heracles estaba a punto de nacer, su divino padre Zeus anunció que el primer descendiente del linaje de Perseo gobernaría en Micenas. El soberano del universo hizo tal promesa, pues estaba seguro que su hijo nacería en breve. Pero no tuvo en cuenta las argucias de su vengativa esposa, Hera, quien, para evitar que se cumplieran los designios del rey del Olimpo, pidió a su hija Ilitía, protectora de los partos, que retrasara el nacimiento de Heracles y que adelantara el de su primo Euristeo. De esta forma, el hijo ilegítimo de su esposo nunca llegaría a ser rey.

Por encargo de Hera, Ilitía hizo que Euristeo, primo hermano de Anfitrión, naciera antes que Heracles. Mientras el hijo de Zeus permaneció diez meses en el seno de su madre, Euristeo nació a los siete meses de gestación. Por esta razón fue un niño débil y poco agraciado, aunque por expresa orden del señor del cielo se convirtió al cabo de los años en el rey de Micenas.

Tras el horrendo crimen que cometió Heracles, el héroe acudió al Oráculo. Allí, la Pitonisa le ordenó que llevara a cabo los doce trabajos que le encargaría el rey Euristeo. Heracles fue a la corte de su tío, se arrodilló ante él como un esclavo y le suplicó el perdón. Euristeo, que vio cómo el héroe caía a sus pies, levantó la barbilla con gesto insolente y ordenó la presencia de un escribano, a quien dictó los doce trabajos que debía realizar su súbdito para expiar su culpa.

Heracles partió a cumplir sus encargos y Euristeo se quedó relamiéndose su orgullo como un niño una golosina. Nunca se había sentido tan poderoso como aquel día. Hasta ahora, su falta de carácter y su debilidad emocional le habían convertido en un rey sin autoridad y sin prestigio, pues todos esperaban ser gobernados por Heracles y veían en aquel monarca más una imposición de la casualidad, que una exigencia del Destino. Pero el acto de sumisión del héroe fortaleció su prepotencia, como si hubiera recibido de él toda su fortaleza.

Los doce trabajos que le encargó Euristeo fueron: matar al león de Nemea y a la hidra de Lerna; capturar la cierva de Cerinia y el jabalí de Erimanto; limpiar los establos del rey Augias; dar caza a las aves del lago Estinfalo; capturar el toro de Creta y las yeguas del rey de Tracia, Diomedes; conseguir el cinturón de Hipólita, reina de las amazonas; traer ante su presencia al guardián de los infiernos, el can Cervero; robar el rebaño de bueyes de Geriones y las manzanas de oro del jardín de las Hespérides.

Euristeo, a quien dominaba el temor de ser abatido por Heracles, no permitía que el héroe entrara en la ciudad, sino que le obligaba a dejar ante sus puertas las pruebas de la consecución de sus trabajos. Su cobardía era tal que ordenó construir una gran tinaja de bronce para ocultarse cuando Heracles entrara en la ciudad para matarle. Pero el héroe no tenía semejantes intenciones, sino que cumplió sus doce pruebas y, tras entregar las manzanas de oro, se dispuso a marcharse. Entonces Euristeo, viendo que sus intenciones no eran malas, le pidió que se quedase en la ciudad para hacer un sacrificio a Zeus. Los hijos del rey le entregaron a Heracles una cantidad de carne para su ofrenda, que el héroe consideró menor que la que tenían los príncipes, por lo que entró en cólera y mató a tres de ellos. Euristeo le declaró la guerra, pero Heracles huyó para no matarlo; sin embargo, el odio del rey lo persiguió durante toda su vida.

En una batalla contra los atenienses fue muerto Euristeo y su cabeza fue presentada a Alcmena, la madre de Heracles, quien le arrancó los ojos.

Sugerencias

Uno de los grandes misterios que encierra ese ser al que llamamos hombre es el del poder. ¿De dónde procede la autoridad? ¿Por qué unos hombres tienen poder sobre otros? ¿El poder radica en la fuerza, en la riqueza, en la personalidad... o es algo enigmático que emana de las voluntades de los demás? ¿Quién tiene autoridad sobre mí y sobre quién la tengo yo? ¿Quién es el último y quién el primero? ¿Por qué debemos obediencia a otras personas?

En la historia de Heracles y Euristeo se plantean algunos de estos interrogantes y se dan algunas respuestas. Zeus eligió a Heracles para otorgarle su poder, sin embargo, la argucia de Hera hizo que los hombres se lo confiriesen a Euristeo. Estaba previsto que el héroe fuese rey, sin embargo, el Destino jugó con el soberano del mundo. Quizá esto explique la fuerza de Heracles y su destino heroico, y del mismo modo, la torpeza de Euristeo para gobernar.

La mitología nos presenta a Heracles como un rey sin corona y a Euristeo como una marioneta de su misma ambición. Este último da órdenes sin autoridad, mientras que el primero las asume con vigor. Son las dos caras de un mismo escudo: robusto por fuera y acolchado por dentro, el bronce recibe los golpes para proteger a quien se encuentra al otro lado, oculto, escondido, tembloroso.

La historia que nos ocupa pone de manifiesto que el poder o la autoridad nos viene, en cierto modo, dada. Claro que podemos conseguir poder sobre los demás, sea por haber ganado su reconocimiento, o las elecciones, incluso lo podemos comprar; sin embargo, se nos presenta de una forma inexplicable, lo poseemos como algo encontrado. Por eso, la autoridad requiere un grado muy elevado de responsabilidad. Cuando alguien accede a un cargo cualquiera recibe un poder que puede llegar a consignarse por escrito y que procede de una persona que está por encima de él; sin embargo, el origen último, podríamos decir metafísico, de esa autoridad sigue siendo misterioso.

Por este origen misterioso, los medievales creían que todo poder procedía de Dios. De esta forma, mantenían el carácter sagrado de la autoridad y la monarquía hereditaria. Los modernos, desde la Revolución francesa, consideraron que el origen de toda autoridad residía en el pueblo, que el pueblo era el único soberano, el cual nombraba unos representantes en los cuales delegaba su poder. Creo que tanto en un caso como en el otro el origen del poder sigue siendo misterioso. Lo único que solucionamos bajando el funda-

mento a la tierra fue conseguir un orden social más humano, pero el origen del poder continuó oculto entre las brumas del misterio.

Claro que decir que el poder reside en el pueblo o afirmar que procede de Dios son dos formas opuestas de explicar el problema; sin embargo, dejan sin aclarar el misterio. Nuestra madre la historia, de la que sólo aprendemos cuando nos aprieta la garganta, nos enseña que todas las atrocidades que ha cometido la humanidad se han llevado a cabo en nombre de un tercero, tanto vale si se trata de Dios, de la Razón, de la Raza o de la misma Humanidad. Que un solo hombre pueda dar el pistoletazo de salida de una guerra en la que morirán miles de personas y lo haga en nombre de quien sea, sigue sin revelar el misterio.

Todo poderoso es débil en su poder, todo poderoso es un miserable. Aquel que tiene autoridad se llama Euristeo, porque la autoridad está muy por encima de él mismo. Comparado con lo que representa, no es sino una caricatura. Quizá, por eso, lo más difícil para un dirigente sea llevarlo con dignidad.

36

ATE, LA LIGEREZA DEL ERROR

"Errare humanum est." El error es tan antiguo como el propio hombre. Nadie escapa de su influencia, tarde o temprano todos somos presa de la equivocación. Pero equivocarse es humano, no sólo en el sentido de que resulta comprensible, como cuando se dice "sentir celos es tan humano...", sino esencialmente. Es decir, la naturaleza humana exige el error, como la naturaleza canina el proferir ladridos. Si no se yerra no se es hombre. Los antiguos creían que procedía del cielo, que era una diosa ligera que sólo se posaba en las cabezas de los humanos y que su nombre era Ate.

Ate se encontraba junto a Zeus el día que iba a nacer Heracles. Ella hizo que el padre de los hombres y de los dioses reuniera a todos los olímpicos y les dijera:

—Oídme, dioses y diosas, de modo que pueda contaros lo que mi corazón dicta a mi boca. Hoy, Ilitía, que el parto preside, pondrá a luz un niño destinado a reinar sobre Micenas, pues mi sangre lo ha engendrado.

Aprovechando estas palabras, la astuta y vengativa Hera, la esposa de Zeus, repuso:

—Mentirás, Zeus, pues no podrás mantener todo esto que has dicho. Vamos, júrame solemnemente, dios del Olimpo, que el niño que hoy nacerá está destinado a reinar en Micenas.

Zeus miró a Ate y sonrió a su esposa. Se puso en pie y pronunció el juramento.

Hera, entonces, saltó del Olimpo y pidió a Ilitía que alumbrara a Euristeo y retrasara el parto de Heracles. Y así lo hizo.

Cuando la noticia llegó a oídos de Zeus se dio cuenta de su error, pero ya nada se podía hacer. Por no cometer perjurio tuvo que admitir a Euristeo como rey de Micenas. Encolerizado, buscó a Ate, a quien cogió por las trenzas brillantes y la arrojó a la tierra, jurando que nunca más volvería a pisar el Olimpo.

Ate cayó en Frigia, sobre una colina que se llamó Colina del Error, donde Ilo construyó la ciudad de Ilión (Troya). Como tenía prohibida la entrada al Olimpo, se dedicó a vagar por el mundo, aunque se negó a pisar la tierra. Por eso va saltando suavemente sobre las cabezas de los hombres.

Sugerencias

¿Quién no ha sentido alguna vez el suave y casi inapreciable salto de Ate sobre su cabeza? Es tan ligero que sólo se percibe después de haber cometido un error. Sólo cuando nos equivocamos es cuando notamos que ha estado presente, del mismo modo que nos damos cuenta de que hemos llevado durante todo el día las gafas puestas cuando nos las quitamos por la noche. Aunque doblemos la vigilancia, aunque nos mantengamos constantemente en alerta, prevenidos contra el error, la equivocación, el desliz, el traspiés, sigilosamente nos acecha y con suma delicadeza se posa sobre nuestras cabezas sin percatarnos de ello.

El error es un mal, una disonancia, que ha venido del cielo, arrojado por Zeus. El dios sólo se equivocó en una ocasión, mientras que los humanos estamos condenados a caer una y otra vez. Por eso, creían los griegos que la sabiduría era exclusividad de los dioses.

Por haberse sacudido Zeus el error, los humanos lo hemos recibido sin haberlo solicitado. Es algo que no podemos compartir con la divinidad. Por eso, Nietzsche creía que el error, igual que el mal o el dolor, era un argumento contra la divinidad, a pesar de que el racionalismo (sobre todo Hegel) había intentado subsumirlo bajo los poderes establecidos, como el Estado.

Bien mirado, el mito de Ate no supone que el error sea un castigo divino: Zeus no sanciona a los hombres con el envío de la diosa, como Apolo dirigió sus flechas contra el campamento de los aqueos, sino simplemente expulsa del Olimpo a un miembro indigno.

Me pregunto cómo permitía Zeus que Ate viviera en el Olimpo antes de ser arrojada de él. Creo que la respuesta hay que buscarla en el hecho de que el error vive generalmente disfrazado de verdad. Si no fuera así, ni al padre de los dioses inmortales ni a los hombres podría seducir. En este sentido, Ate es la diosa de la apariencia, pues siendo la personificación del error, parece verdadera. Está claro, si el error se presentara con su verdadero rostro, no podría asentarse en ninguna cabeza. Pero es ligero y sigiloso, toma la apariencia de verdad (se puede llamar verosimilitud) y "engaña" siempre.

37

MINOTAURO, EL FRUTO DE LA INGRATITUD

"De bien nacidos es ser agradecidos", reza el refrán. Y no le falta razón. No agradecer lo que se obtiene como un favor es tan indigno como el apareamiento entre un humano y una bestia. Minos promete a Posidón sacrificar el toro que el dios hará salir del mar y que servirá de señal para ser nombrado rey de Creta. Pero cuando Minos se acomoda en el trono olvida su promesa: es un ejemplar demasiado hermoso como para sacrificarlo. Su ingratitud es duramente castigada por el soberano del mar, que hace que la esposa del rey se enamore del divino astado. El resultado, el monstruo más temido de la antigüedad: el Minotauro.

Minos era hijo de Zeus y Europa, aunque fue criado por Asterión, rey de Creta. Cuando murió el rey, Minos quiso sucederle en el trono, pero los hijos de Asterión, Sarpedón y Radamantis, se opusieron. Como ambicionaba el trono, Minos declaró que era voluntad de los dioses que él reinara en Creta y para demostrarlo dijo que el cielo le concedería cuanto pidiese. Ofreció entonces un sacrificio a Posidón y le rogó que hiciera salir del mar un gran toro para después ofrendárselo en prueba de agradecimiento.

Todo el pueblo cretense, junto a Sarpedón y Radamantis, acudió a la playa para asistir al prodigio. Cuando los pies de Minos tocaron las aguas surgió un hermoso animal, un gran toro blanco, que se postró ante Minos. La gente quedó boquiabierta y aclamó al nuevo rey, mientras Sarpedón y Radamantis cedieron su derecho al trono en favor del elegido por los dioses. El toro fue llevado a los establos reales a la espera de ser sacrificado.

Minos se casó con Pasífae, hija del Sol y de Perseis, con quien tuvo siete hijos: Catreo, Deucalión, Glauco, Androgeo, Jenódice, Ariadna y Fedra. Gobernó con justicia y sabiduría, convirtiendo a Creta en una gran potencia marítima. Pero Minos olvidó su promesa: se negó a sacrificar el toro que le había enviado el dios, pues lo quería como semental de sus rebaños.

Posidón, sintiéndose ofendido, hizo que Pasífae se enamorara locamente del toro. De este modo, la esposa del rey concibió un horrendo monstruo, llamado Minotauro. Cuando Minos vio aquella criatura comprendió que ésa era la venganza del dios. Entonces sacrificó al toro.

Cuando nació el hijo de Pasífae, Minos quiso matarlo, pero ella se lo prohibió. Conforme crecía, su aspecto se iba haciendo más y más espantoso. En cierta ocasión, arrancó de un bocado la mano de uno de los siervos del rey, manifestando su predilección por la carne humana.

No sabiendo qué hacer con el monstruo, Minos llamó a Dédalo, un famoso arquitecto, para que construyera una cárcel. Dédalo edificó un laberinto, de tal manera que cualquiera podía entrar en él, pero no salir. La criatura fue introducida en él. Cuando sentía hambre producía unos mugidos espantosos que aterrorizaban a toda la isla. Entonces, el rey lo alimentaba con prisioneros de guerra o condenados.

Por fin, parecía que la vida de Minos y Pasífae entraba en un estado de felicidad. Pero los días de dicha duraron poco. Su hijo Androgeo, que era un gran atleta, fue a competir a Atenas, donde derrotó a todos los participantes áticos. La envidia se apoderó de ellos y cuando Androgeo salía de la ciudad lo apalearon produciéndole la muerte. Enterado Minos, cargó contra Atenas. Pero los atenienses se defendían bien, por lo que el rey de Creta pidió ayuda a Zeus. El dios se la concedió y mandó una gran peste que asoló la ciudad. Los atenienses consultaron al Oráculo y éste les dijo que debían rendirse y cumplir lo que Minos les ordenase.

Minos castigó a Atenas con un terrible tributo que debía sufragar anualmente, consistente en el envío a Creta de siete jóvenes y siete doncellas para alimento del Minotauro.

Sugerencias

El ingrato cree que se merece lo que se le da. No necesita mostrar gratitud, porque piensa que lo que recibe es lo que se le debe. Dar las gracias aparece ante sus ojos como una muestra de debilidad, como una forma de quitarse méritos, como una formalidad artificial impropia de su instinto superior.

Lo que le sucedió a Minos nos suele pasar a veces a nosotros. Nos cuesta muy poco pedir, pero nos resulta más costoso dar las gracias, tener que admitir que lo que hemos recibido no es del todo nuestro. El que muestra gratitud, manifiesta una cierta impotencia, una falta de autosuficiencia que un rey como Minos no puede asumir. Se arriesga a ser blanco de la cólera de los dioses, antes que admitir su dependencia.

Creo que el mensaje de este mito es claro: un pueblo desagradecido acaba por dar la espalda a los dioses. Cuando nos creemos merecedores de nuestros bienes, ya no dependemos de nadie, ya no tenemos que agradecer a nadie, ya no somos súbditos, sino señores.

Quien mejor expresó esta idea fue Nietzsche. El filósofo alemán afirma la "muerte de Dios" como premisa para que el hombre recupere la propiedad sobre su propia vida. El ser humano ya no tiene que agradecer su existencia a ningún ser superior, ya no tiene que adorar a ningún Dios, porque es dueño y señor de su destino. Esta situación que logra el hombre emancipado de lo absoluto, la compara Nietzsche a un deudor que tras ímprobos esfuerzos ha logrado reunir la suma necesaria para saldar su deuda, una deuda que lo ha esclavizado y que le ha impedido disfrutar de la vida, pero al ir al banco a pagarla le comunican que su acreedor no existe. ¿Cómo se debe sentir ese hombre que recupera de pronto todo el esfuerzo de sus trabajos? De modo semejante, con la "muerte de Dios" el hombre recupera la propiedad sobre su existencia.

Esta transformación del espíritu la expresa Nietzsche con un mito: el de las tres transformaciones. El espíritu humano se transforma primero en camello, que carga sobre sus corcovas todos los imperativos morales, impuestos por un ser que no es él. La vida se le convierte a este espíritu paciente en un desierto, en una forma de sufrimiento continuo, porque debido al peso de la moral no puede disfrutar. Pero en medio del desierto se produce la segunda transformación. El camello se convierte en león rapaz y destruye al dragón del deber. Rompe todos los imperativos, destruye la pesada carga y se libera de su propia esclavitud. Ahora, los dioses con todas sus exigencias han sido exterminados, el espíritu del león ha recuperado la libertad. Pero todavía queda una transformación: el león debe hacerse niño, porque así puede volver a crear nuevos valores. Como un niño, el espíritu es inocencia, juego, puro decir sí, e inaugura una nueva forma de valoración.

En un principio, parece que el mito de Nietzsche acaba bien y el del Minotauro mal. El hombre desagradecido, el que logra imponer su criterio, el que firma el certificado de defunción de Dios, no recibe el castigo del monstruo "mitad hombre mitad toro", sino que se convierte en "superhombre". Pero no me atrevo a juzgar cuál de las dos historias tiene un final más feliz, si es que alguna lo tiene. Minos encerró al monstruo en el laberinto y después fue muerto por Teseo, como veremos; sin embargo, Nietzsche no tiene ni un laberinto ni un héroe ático que pueda destruir al ser que ha creado cuando su propia inercia lo convierta en monstruo.

En un trabajo de 1963 titulado ¿Quién no tiene su minotauro?, *Marguerite Yourcenar mantiene que el minotauro es el monstruo que cada ser humano lleva en su interior.*

38

TESEO, HIJO DEL ENIGMA

En la antigüedad, los oráculos se manifestaban mediante enigmas. Casi siempre el sentido de las palabras de la pitonisa requería de una interpretación, como si los designios del Destino no pudieran ser revelados de manera directa. El dios responde a quien pregunta, pero su respuesta debe ser asimilada, no basta con oír el oráculo, hace falta además buscarle un sentido. Algunos vieron en esta oscura forma de manifestarse una prueba de su falsedad; otros, en cambio, percibieron su inefable profundidad. Sea como fuere, el que sabe descifrar los enigmas del oráculo tiene una ventaja sobre los demás hombres: conoce el fondo de las cosas.

Al ver Egeo, el rey de Atenas, que ninguna de sus sucesivas esposas le daba un hijo, fue a consultar al Oráculo de Delfos. La pitonisa le respondió de esta manera: "No desates el odre de vino antes de haber llegado a la ciudad de Atenas". Egeo no entendió qué podrían querer decir aquellas enigmáticas palabras y se fue a pedir consejo a Piteo, el rey de Trecén. Piteo comprendió el sentido del Oráculo referente al rey de Atenas, pero no se lo descifró, sino que lo embriagó y por la noche puso en su lecho a su hija Etra, que se unió con Egeo y concibió un hijo.

Antes de regresar a Atenas, Egeo colocó bajo una roca unas sandalias y una espada y dijo a Etrea que cuando el niño fuera capaz de levantar la roca le dijera la verdad sobre su origen, entonces debía calzarse las sandalias, empuñar la espada e ir en busca de su padre.

A la edad de dieciséis años, Teseo, que así es como se llamaba el hijo de Egeo y Etrea, levantó la roca que le indicó su madre, se calzó las sandalias, empuñó la espada y partió hacia Atenas.

Cuando llegó a la capital del Ática, encontró a Egeo dominado por la maga Medea, quien había prometido curarlo de su esterilidad y tenía al rey en sus manos. El padre no reconoció a su hijo, sino que creyó que era un extranjero en busca de fortuna. Aconsejado por Medea, que sabía que en verdad se trataba de Teseo, planeó su muerte. Animó a Egeo para que en el transcurso de un banquete en honor al recién llegado lo envenenase. Pero ocurrió que, antes de beber, Teseo sacó su espada para cortar la carne. Al reconocerla, Egeo saltó de su asiento y derramó la copa que contenía el veneno. Ante todos los presentes, reconoció a su hijo y desterró a Medea.

Desde aquel momento, Teseo se convirtió en príncipe de Atenas. Esta circunstancia provocó un gran malestar entre los cincuenta hijos de Palante, el hermano de Egeo. Los Palantinas esperaban suceder a Egeo, ya que el rey no tenía descendencia; sin embargo, la aparición de su primo destruía cualquier esperanza. Por eso se amotinaron e intentaron conseguir el trono por la fuerza. Pero Teseo los venció.

Cuando Teseo entró vencedor en Atenas, observó una silenciosa procesión que bajaba de la acrópolis. Creyendo que se trataba de su bienvenida se acercó a la comitiva, que estaba presidida por su padre. Tras él iban siete jóvenes y siete doncellas, vestidos de blanco y descalzos. Todos estaban tristes, muchas mujeres lloraban y maldecían al rey de Creta. Teseo desmontó y se dirigió a Egeo con estas palabras:

—"¿Qué es esto? ¿Quiénes son estos muchachos? ¿Por qué estáis tan tristes?"

La comitiva se detuvo y el rey explicó a su hijo:

—"Perdona que no tengas el recibimiento que tu valentía se merece, pero antes de que se ponga el sol estos jóvenes deben embarcar y surcar el mar para servir de alimento al monstruo de Creta. Éste es el terrible tributo que nos impuso Minos hace ya veintinueve años."

Al oír esto, Teseo se desarmó, tiró el casco y la coraza, se descalzó y gritó:

—"Yo liberaré a Atenas de este vergonzoso tributo."

Pidió la túnica a uno de los muchachos y se la puso. Egeo se postró a sus pies y le rogó que se quedara, pues era su único sucesor.

—"Confía en mí —le dijo Teseo—. A nadie como al hijo del rey le corresponde encabezar este cortejo."

Al cabo de una hora, llegaron al puerto del Pireo. Allí les esperaba un navío con velas negras, que parecía un sepulcro flotante. El sol estaba ya lamiendo el horizonte cuando embarcaron los catorce jóvenes, entre ellos Teseo. Antes de fletar, Egeo se dirigió al capitán del barco, un marinero que había realizado los anteriores veintiocho periplos, diciéndole:

—"Sigue las órdenes del príncipe Teseo, si los dioses están con él, éste será tu último viaje."

Después le dijo a su hijo:

—"Hijo mío, cada día vendré aquí a esperar tu regreso. Si logras vencer al monstruo, cambia las velas negras por unas blancas, para que yo sepa que estás vivo."

Dicho esto, la nave empezó a virar y la noche cayó negra como las velas que comenzaban a hincharse y como los pensamientos de todos los que presenciaban aquel patético espectáculo.

Sugerencias

A Heráclito de Éfeso le llamaban "el oscuro", porque comunicaba sus pensamientos en forma de enigmas. Son famosos algunos como: "No te bañarás dos veces en el mismo río", "La guerra es el padre de todas las cosas", "El sol es del tamaño de un pie humano", "El frío se calienta, lo caliente se enfría, lo húmedo se seca, lo seco se humedece", "La naturaleza gusta de ocultarse", "El camino recto y el tortuoso son uno solo y el mismo camino", "Todo será comprendido y juzgado por el fuego que llegará".

Los enigmas de Heráclito de Éfeso tenían su razón de ser. Él se vio en la necesidad de comunicar pensamientos profundos sobre el hombre y el mundo, y no lo podía hacer de forma fácil. La última verdad no se ve con claridad, como el tesoro que se oculta en el fondo de un pozo. ¡Ay! Pero esto ocurre con todos los filósofos, los poetas, los artistas..., ellos deben expresar lo que ha captado su razón o su sensibilidad, pero al ser tan profundo no puede comunicarse directamente.

Esta circunstancia se comprende en el caso de los poetas y los artistas, los cuales no intentan volcar su lenguaje en categorías racionales, sino que se dejan invadir por su fuerza expresiva. En cambio, el filósofo utiliza la razón, su medio de expresión es el lenguaje, no poético, sino sometido a las rígidas reglas lingüísticas. El poeta puede jugar con el lenguaje, puede usar metáforas y crear nuevas licencias; el filósofo, por su parte, está sujeto siempre a las leyes de la inteligibilidad. Pero ambos deben hablar de lo esencial, de lo que se oculta a la mirada superficial; el poeta, entonces, abandona la lógica y se lanza al mar de las ambigüedades, del sentimiento, la belleza y la sugerencia; el pobre filósofo, en cambio, debe explicar la causa última con la luminosidad de la razón. Y luego nos extrañamos de que los filósofos no se pongan de acuerdo, que haya tantas filo-

sofías como hombres y tantas luchas intestinas. ¿No será todo un problema de comunicación, de la comunicación de una misma verdad?

Siempre he pensado que éste era el sentido de aquellos versos de Machado: "Poeta ayer, hoy triste y pobre / filósofo trasnochado / tengo en monedas de cobre / el oro de ayer cambiado."

El Oráculo también hablaba sobre lo esencial, sobre el destino de las personas, por eso comunica sus visiones por medio de enigmas. El propio Heráclito lo comenta: "El dios cuyo oráculo está en Delfos no manifiesta ni oculta su pensamiento, sino que lo indica".

Pero sigue habiendo gente que piensa que los filósofos hablan de lo que todo el mundo sabe de manera que nadie entienda, es decir, que su oscurantismo es conscientemente buscado con el fin de ganarse un reconocimiento inmerecido. Algo parecido pasaría con la letra de los médicos, como si escribieran mal justamente para tener "letra de médico" y poder ingresar en la secreta logia de los galenos. Lo que dicen los filósofos sólo lo entienden filósofos, lo que escriben los médicos sólo lo entienden los médicos (y los farmacéuticos, ¡menos mal!). Un filósofo claro resulta tan sorprendente como un médico con buena letra.

Las consultas al oráculo se celebraban el día 7 de cada mes, en memoria del nacimiento de Apolo. Antes de ser conducida al templo, la pitonisa se purificaba en la fuente Castalia y bebía de la fuente Casotis. Los sacerdotes recibían a los fieles, quienes entregaban como ofrenda un pastel de miel o su equivalente en dinero.

En la ceremonia se sacrificaba un cabrito, pero antes, para asegurarse de que aquel día el dios estaba dispuesto a hacer revelaciones, se le rociaba con agua fría: si se ponía a temblar, el rito continuaba; de lo contrario, se suspendía.

Sacrificado el animal, se accedía al templo, pasando

bajo las dos inscripciones: "Conócete a ti mismo" y "Nada en demasía". Los fieles esperaban su turno para descender hasta donde se encontraba la pitonisa, que esperaba tras una cortina. Después de escuchar la pregunta, la pitonisa entraba en trance y respondía en primera persona. Los sacerdotes escribían la respuesta en un verso enigmático.

La ambigüedad de los oráculos queda patente en estos dos casos célebres. Creso, rey de Lidia, consultó sobre la suerte de una posible campaña contra Persia. La pitonisa respondió "si declaras la guerra, destruirás un gran imperio". Pensando que el imperio a destruir sería el persa, luchó contra Ciro II, el Grande, y sufrió una terrible derrota (en el 546 a. C.). El gran imperio destruido fue el suyo.

También es conocido el caso de Pirro II, rey de Epiro, que antes de atacar a los romanos consultó al oráculo y obtuvo esta respuesta: "Aio te romanos vincere posse", *que puede ser interpretada de dos maneras: "te digo que puedes vencer a los romanos" o "te digo que pueden vencer los romanos". Obtuvo una "victoria pírrica" en Heraclea en el 280 a. C. y fue derrotado en Benevento en el 275.*

39

DÉDALO E ÍCARO, EL OVILLO Y LAS ALAS

La historia de Dédalo e Ícaro nos muestra las dos formas de salir del laberinto. La primera consiste en desandar lo andado, para ello previamente se ha tenido que marcar el camino. La segunda sugiere salir volando. En el primer caso, nos mantenemos a ras del suelo, atentos a las señales o al hilo del ovillo, como esas ratas de laboratorio que encuentran la salida a base de husmear con el hocico. En el segundo caso somos capaces de elevarnos y distanciarnos, así vemos la trampa, como el investigador que observa a la pobre rata batiéndose contra las paredes de cristal. Dédalo, el constructor del laberinto de Creta, inventó las dos soluciones.

Entre los artistas e inventores destacaba el ateniense Dédalo, hijo de Eupálamo y Alcipe, autor de importantes obras arcaicas, como las estatuas animadas. Dédalo tenía un taller en Atenas y junto a él trabajaba de aprendiz un sobrino suyo, hijo de su hermana Pérdix, llamado Talo. Este joven disponía de muy buenas aptitudes, era muy observador y trabajador. Un día, tomando como ejemplo la mandíbula de una serpiente, inventó la sierra. Dédalo sintió envidia de su sobrino y lo precipitó desde lo alto de la Acrópolis, con el fin de adjudicarse a sí mismo el invento. Pero su crimen fue descubierto y tuvo que huir a Creta, donde se puso a las órdenes del rey Minos.

En Creta, Minos le encargó la construcción de una cárcel donde poder encerrar al Minotauro. Dédalo se puso manos a la obra y construyó el Laberinto en el que cualquiera podía entrar, pero nadie salir. El rey quedó plenamente satisfecho. Para mostrarle su agradecimiento le concedió el honor de vivir en la corte. Allí se enamoró de una esclava del rey, llamada Náucrate, con quien tuvo un hijo: Ícaro.

Cada año llegaba una expedición desde Atenas portando siete jóvenes y siete doncellas para alimento del Minotauro. El recibimiento del barco de los atenienses daba lugar a unos grandes festejos durante los cuales se procedía a purificar a las víctimas. En uno de estos festejos, Ariadna, la hija de Minos, se enamoró de Teseo, uno de los jóvenes que iban a ser sacrificados. Desesperada, se dirigió a Dédalo suplicándole ayuda. El arquitecto de la corte, viendo cuán grande era el amor que mostraba Ariadna por aquel extranjero y sintiendo lástima por quienes habían sido sus conciudadanos, le entregó un ovillo con el que Teseo podría salir del Laberinto.

Ariadna se las arregló para entrar por la noche a las mazmorras donde aguardaban los jóvenes para ser sacrificados. Entregó el ovillo a Teseo y le confesó su amor. Él le prometió llevársela a Atenas, donde podrían vivir felices.

Al día siguiente comenzaron los sacrificios. Debía entrar al Laberinto un joven cada día, alternando varón y hembra. Teseo se las ingenió para ser el primero. Los guardias lo condujeron hasta la puerta del Laberinto. El príncipe ateniense entró. En ese momento, a la vez que se producía un gran griterío de la gente que permanecía fuera, sacó el ovillo y ató un extremo en un saliente de la pared. Enseguida los gritos cesaron. Se hizo entonces un silencio absoluto, lleno de miedo y expectación. Teseo caminaba despacio pendiente del hilo que iba dejando tras de sí. Al cabo de unos minutos se oyó un rugido terrorífico. El joven se estremeció, se detuvo apoyando la espalda en la pared y se echó la mano al cinto, pero estaba desarmado. Afuera volvieron a resonar gritos y aplausos, que duraron muy poco. Teseo no sabía qué hacer, sólo contaba con sus propias manos para luchar con el monstruo. Decidió esperarlo mientras pensaba qué podía hacer. Al fin apareció frente a él. Era realmente espantoso, mitad hombre mitad toro. Al ver sus afilados cuernos comprendió que le atacaría bajando la cabeza. Teseo no podía correr, si lo hacía podría perder el ovillo, tampoco sortear la embestida, dada la angostura de los corredores. El animal arremetió contra su víctima, pero Teseo reaccionó y de un salto se subió a su lomo aprovechando el momento justo de la acometida. Con todas las fuerzas que le quedaban golpeó una y otra vez aquella cabeza deforme, detrás de los cuernos. El Minotauro mugía de forma ensordecedora hasta que al fin cayó al suelo y murió.

Presintiendo que el animal había acabado con el joven, el público que se agolpaba a la puerta del Laberinto comenzó a aplaudir y a chillar. Teseo, por su parte, tras rehacerse de la lucha cogió el ovillo y desanduvo el camino. Para sorpresa de todos, apareció en el umbral de la puerta del Laberinto y arrebató la espada a uno de los guardias, saltó a la tribuna real y raptó a Ariadna. Amenazando con matarla exigió que le dejaran volver a Atenas. Minos dio la orden para que soltaran a los prisioneros y la nave ateniense inició su último viaje de regreso.

No tardó mucho Minos en descubrir la confabulación entre su hija Ariadna y el arquitecto real. Echó la culpa de todo a Dédalo y lo encerró junto a su hijo, Ícaro, en el Laberinto, no sin antes haber comprobado que no llevaba consigo ningún ovillo ni los planos que él mismo había trazado.

En su propia construcción quedó prisionero Dédalo. Pero se las ingenió para fabricar dos pares de alas con plumas de las aves que habían caído accidentalmente al Laberinto, y las enganchó en sus brazos y en los de su hijo con la cera de varios enjambres que encontró en las paredes. De esta forma, padre e hijo pudieron salir volando del Laberinto.

Mientras ascendían, el padre avisaba al hijo del peligro que suponía volar demasiado alto. Pero Ícaro no hizo caso de los consejos de su padre y quiso llegar hasta el Sol. Conforme se acercaba al astro rey, el calor aumentaba, hasta que derritió la cera. El joven perdió las alas y se precipitó al mar, llamado desde entonces mar de Icaria. Dédalo pudo llegar hasta Cumas.

Sugerencias

Ya hemos dicho que existen dos formas de salir del laberinto: la primera, siguiendo, poco a poco, el hilo del ovillo, rastreando el terreno y sin pasar por alto ningún detalle; la segunda, utilizando todo el ingenio para alzar el vuelo. Estas dos maneras de salir del laberinto representan el esfuerzo de las ciencias, por una parte, y el de la actividad filosófica, por otra. Ambas intentan conocer la realidad, pero desde dos perspectivas diferentes. La primera forma es considerada como científica, racional, la forma cabal de adentrarse en los misterios del mundo; la segunda, es hacer trampa, eso de colocarse unas alas y salir volando, resulta cuando menos extravagante.

Como mera curiosidad aventurera, no está mal eso de salir volando de vez en cuando, pero no es serio. Por eso, desde muchos ámbitos se ha criticado a la filosofía por haber dado semejante brinco, injustificado racional, científica y humanamente. El debate sigue siempre abierto. De lo que no cabe duda es de que el proceder de la filosofía tiene más riesgos (adviértase lo que le ocurrió a Ícaro), pero a la vez se sitúa en una posición privilegiada desde donde se puede ver el laberinto en su conjunto. ¡Cómo habría gozado Dédalo al ver su obra desde las alturas!

Ciencia y filosofía son las dos formas que el hombre occidental ha inventado para salir del laberinto, siempre que el laberinto sea como el que construyó Dédalo. Pero, ¿qué pasaría si hubiese otros tipos de construcciones laberínticas?

Umberto Eco mantiene que existen tres tipos diferentes de laberintos. El laberinto de Dédalo es el clásico, que resulta unidireccional, es decir, que una vez que se entra en él se alcanza necesariamente el centro y a partir del centro se llega forzosamente a la salida. Eco dice que si se pudiera desenredar, el laberinto quedaría convertido en una línea, como el hilo de Ariadna. Por eso, concluye: "El hilo de Ariadna, que la leyenda nos presenta como el medio extraño al laberinto, que nos permite salir de él, en realidad no es sino el laberinto mismo."

El segundo tipo es el llamado manierista o "Irrweg". Este laberinto presenta recorridos alternativos desembocando en un punto muerto, con excepción de uno que lleva a la salida. Si se despliega, el "Irrweg" adopta la forma de un árbol. "Dentro de él, escribe Eco, pueden cometerse errores, y uno se ve obligado, entonces, a tornar sobre sus propios pasos. En este segundo caso podría ser de utilidad un hilo de Ariadna. Pero de lo que no existe ninguna necesidad es del Minotauro; el Minotauro es el prototipo de visitante, capaz de engañarse a sí mismo acerca de la naturaleza del árbol."

El tercer tipo de laberinto es una red, como Internet, en la que cualquier punto puede ser conectado con cualquier otro. Este modelo no puede ser desenredado, no tiene un inicio ni un centro, es ilimitado, pues puede ex-

pansionarse indefinidamente y se reestructura a cada momento. El que viaja por este laberinto ha de aprender a corregir constantemente la idea que se forma de él, pues siempre está modificándose. En la red no hay un exterior y un interior, por eso no nos sirve ni el hilo de Ariadna ni las alas de Dédalo. (Véase Umberto Eco, "El antiporfirio", en Vattimo y Rovatti, El pensamiento débil, *Cátedra, 1990, 76-114).*

Si la realidad tiene la estructura de una red de comunicación, habría que plantearse seriamente la forma de orientarse (salir parece imposible) en el nuevo laberinto.

Sólo me resta recordar las palabras de El Anticristo *de Nietzsche: "Es preciso estar predestinado al laberinto", y el comentario que hace de ellas Fernando Savater: "Lo que espera el pensamiento más audaz no es la línea recta, sino el círculo; no la carretera limpiamente trazada, sino la vida dudosa de los meandros y vericuetos. El pensamiento es alto, angosto, gira constantemente a derecha o a izquierda: no es oasis, sino* perdedero*; quien renuncie a perderse, renuncia a entender. Quien padezca una inequívoca vocación de brújula, quien exija un norte, aunque sea para encaminarse concienzudamente al sur; privilegia ante todo la* dirección*: la rosa de los vientos le encamina, pero no le da* vértigo. *En cambio, el que flota a merced del viento..." (*Idea de Nietzsche, *Ariel, 1995).*

40

EGEO, EL COLOR DE LA DESESPERACIÓN

Larga y angustiosa se le hizo la espera a Egeo. El padre del joven que había ido voluntario a Creta con la intención de salvar a su pueblo del infame tributo, esperaba desde el amanecer hasta la puesta del Sol el regreso de su hijo. Desde lo alto de un acantilado vigilaba el confín del mar con una mezcla de fe y miedo. Durante muchos días, Egeo se olvidó de gobernar y no hacía otra cosa que mirar la inmensidad del océano. La espera era su única razón de vivir, su vida se había convertido en espera y su felicidad dependía del color de la velas de un barco que en cualquier momento podría aparecer en el horizonte: si el velaje era blanco persistía la esperanza, si era negro, todo estaba acabado.

Cuando Ariadna entregó el ovillo a Teseo, éste le prometió que la sacaría de Creta y se casaría con ella. Efectivamente, cuando el héroe salió del Laberinto raptó a Ariadna, liberó a los suyos, hundió los barcos cretenses y zarpó camino de Atenas.

La joven princesa se encontraba dichosa en aquel negro barco que la llevaba, junto al hombre que amaba, hacia una nueva vida, libre y feliz. También Teseo se sentía orgulloso de haber liberado a su pueblo del yugo de Minos y no tenía otro pensamiento que llegar a Atenas para abrazar a su padre. Tan deseosos estaban todos de llegar a su patria que nadie se percató de que navegaban con las velas negras.

Teseo se sentía profundamente agradecido a Ariadna, pero no podía amarla. La llevaba consigo obligado más por la gratitud que por el corazón. Pensaba que si él no la podía amar, sería desgraciada en Atenas, así que decidió abandonarla. La expedición hizo una escala en la isla de Naxos, Ariadna cayó profundamente dormida y Teseo ordenó levar anclas sigilosamente. Cuando la joven despertó se encontró sola, abandonada por el hombre a quien amaba. Desesperadamente se arrojó al mar en busca de la estela de su felicidad, pero las aguas del océano que ya la habían borrado la devolvieron a la playa, donde lloró su desventura.

Mientras tanto, en tierra firme, Egeo permanecía inmóvil contemplando el mar, buscando en la lejanía una señal de su añorado hijo. Sus ojos se acostumbraron a ese azul infinito y sus pensamientos flotaban acompasados por las olas, a veces felices, a veces terroríficos. De vez en cuando, al ver las velas blancas de algún navío rompiendo el horizonte, su corazón sufría un fuerte arrebato, se ponía en pie y comenzaba a temblar. Al comprobar que se trataba de un buque militar o de un navío mercante, caía como derrotado y continuaba esperando.

Un día, casi ya al atardecer, apareció un punto negro en el límite entre el cielo y el mar. Egeo se puso en pie. Poco a poco, aquella oscura mancha fue creciendo y creciendo. Enseguida comprendió que se trataba del barco que había partido hace más de un mes, del ataúd de su propio hijo. La desesperación cubrió con su sombra terrible la frente de Egeo, sus pensamientos se batían en su cerebro como las olas de un temporal. Totalmente desalentado, el padre irrumpió en un terrible gemido y se precipitó al mar, que desde entonces lleva el nombre de mar Egeo.

Aquel grito de la desesperación llegó a oídos de Teseo. Entonces se dio cuenta de que, por descuido, no había cambiado las velas, como le había dicho su padre antes de partir. Inmediatamente dio la orden de retirar las velas negras e izar las blancas. Pero fue demasiado tarde, el cuerpo sin vida de Egeo ya iba a su encuentro.

Sugerencias

Ésta es una de las historias más trágicas. Lo que la hace realmente trágica es su simplicidad o, mejor dicho, lo absurdo del desenlace final. Un olvido, un simple descuido, provoca la muerte de Egeo. Que todo un héroe, capaz de acabar con el monstruo más temible de la antigüedad, desencadene el suicidio de su padre por una pequeña negligencia, no tiene otro nombre que el de la tragedia. Pero obsérvese que no se trata de la genuina tragedia griega, sino de un tipo diferente, más moderna, más actual. Aquí no mueve los hilos el Destino, sino el absurdo.

Quizá por esta razón, las diversas tradiciones han intentado variar la historia. Algunas mantienen que Teseo perdió a Ariadna, a quien realmente amaba, y consternado por la pérdida habría olvidado izar las velas blancas. Otras, más consonantes con el espíritu heroico, sugieren que las telas blancas habrían ardido en la lucha contra los cretenses y Teseo sólo podía navegar con las negras. Sea como fuere, creo ver en esta leyenda un giro moderno, según el cual, la tragedia no depende del Destino, sino de lo irracional.

Pero no es éste el aspecto más interesante del mito. Creo que la historia del regreso de Teseo y la muerte de Egeo nos habla de un tema esencial: la espera. Egeo espera a su hijo y durante el tiempo que dura la espera su espíritu sufre una aguda transformación. En la situación de espera se produce un fenómeno límite entre la esperanza y la desesperación. La expectativa acrecienta la esperanza al máximo, justo hasta la frontera en que aparece el más profundo abatimiento. Esto significa que cuanto menor es la esperanza, también es menor el riesgo de desesperar. Egeo, que esperó día tras día, alimentó de tal manera la esperanza, la llevó hasta tal extremo, que la perdió.

Cuando toda nuestra felicidad depende de un signo (las velas blancas), cuando un gesto en la lejanía representa el todo o nada, estamos caminando sobre la cuerda floja. El que espera se encuentra en esa tesitura, batiéndose entre el ser y la nada. De golpe, no se sabe cuándo (por eso se espera), se atisbarán las velas blancas de la felicidad o las negras de la decepción.

Una situación semejante viven los seguidores de un equipo de fútbol que juega la prórroga de una final a la llamada "muerte súbita". El equipo que marque un gol antes de acabar, habrá ganado. Por este carácter definitivo, al gol que determina quién se lleva la Copa se le llama "gol de oro".

A lo largo de la historia se han marcado miles de goles "normales", pero "de oro" sólo unos pocos. Esto es debido, no únicamente a que los que disponen de estas cosas no lo hayan aplicado antes, sino a que un gol de oro *es un fenómeno extraordinario, es decir, se deben cumplir unas circunstancias específicas para poderlo ver, en concreto tres: que sea una eliminatoria, que se llegue al final de los noventa minutos con empate, y que, antes de que acabe la prórroga, se marque un tanto. Si falla una de las tres condiciones, habrá que esperar a que la fortuna nos depare una nueva ocasión de contemplar un* gol de oro. *Pero cuando todos los requisitos se confabulan y llega el áureo tanto, toda la magia del fútbol se concentra en un instante: el perfecto equilibrio se rompe con la facilidad con que se corta el hilo que lo soporta y estalla la alegría de unos y la decepción de otros. A pesar de lo fascinante de este momento, lo que a mí me llama poderosamente la atención no es el gol en sí, sino la posibilidad de que se marque, porque la posibilidad de una jugada que ponga punto y final tiene el regusto macabro de un duelo a vida o muerte. La posibilidad del final del partido, cuando se está perdiendo, nos desconsuela, cuando se está ganando, nos emociona, pero cuando se espera un* gol de oro *nos angustia al máximo, porque se abre ante nosotros la posibilidad del todo o nada.*

¿Somos acaso masoquistas? En cierto modo, sí. El hombre que no siente angustia alguna vez no es humano. Sentir angustia es más que sentir miedo, es más que sentir dolor, es más que sentir vacío; sentir angustia nos hace sentirnos a nosotros mismos, en nuestra esencial constitución ontológica, como seres limitados capaces de tenerlo todo o de volver irremisiblemente a la nada. Y esto, con las debidas distancias, es lo que pasa cuando se espera un gol de oro.

No me estoy, por tanto, refiriendo ahora al tópico de que el fútbol desata pasiones y mueve los sentimientos más profundos de los pueblos. Estoy hablando de las situaciones límite que nos plantea la vida y que el fútbol ha sabido asumir con la fórmula del gol de oro.

Con paciencia y buena voluntad se puede ir leyendo El concepto de la angustia *de Sören Kierkegaard (Espasa-Calpe, 1982).*

41

DEUCALIÓN, LA VIDA DESPUÉS DEL DILUVIO

Nos cuenta Hesíodo que, al principio, los dioses inmortales crearon una dorada estirpe de hombres, que vivían como dioses, con el corazón libre de preocupaciones, sin fatigas ni miserias, que jamás envejecían y morían como sumidos en un sueño. Tras desaparecer esta raza de oro, los olímpicos crearon un linaje de plata. Pero estos hombres argénteos fueron tocados por la ignorancia y se convirtieron en seres violentos, olvidándose de hacer sacrificios a los dioses, por lo que fueron exterminados. Zeus creó, por tercera vez, hombres de bronce, terribles y vigorosos, pero que llegaron a ser tan soberbios que el padre de los dioses y de los hombres decidió extinguirlos de la faz de la tierra. Para ello, ordenó a las nubes inundar la tierra.

Tras salvar a los hombres, Prometeo se unió a Clímene, de quien nació Deucalión. Por su parte, el hermano del titán, Epimeteo, se había unido a Pandora, que dio a luz a Pirra. Al cabo de los años, Deucalión y Pirra se casaron.

Deucalión era un hombre justo entre gentes viciosas, dedicadas a los placeres de la vida y olvidadas de los dioses. La envidia y la soberbia reinaba en aquella raza de hombres de bronce. Y Zeus se entristecía al ver que la estirpe por él creada vivía alejada del bien y la justicia.

Al fin, Zeus vio que lo que había salido bueno de sus manos se había viciado y se dispuso a exterminar para siempre la raza de los hombres. Estaba ya dispuesto a arremeter con sus rayos desde el Olimpo, cuando se acercó su esposa Hera y le interrumpió con estas dulces palabras:

—"¡Esposo mío! No te dejes llevar por la ira, que no es mejor ser temido que amado, ni ser severo demuestra más poder que ser misericordioso."

—"Pero esta raza me ha vuelto la espalda y no merece permanecer ni un solo día más sobre la faz de la tierra —respondió Zeus furioso."

—"Quizá tengas razón, pero si la eliminas, no serás justo."

—"¿Qué quieres decir?"

—"Fíjate bien: ahí vive Deucalión y Pirra, con sus hijos, ¿no querrás matar a quien te respeta y te ama, al único que te ofrece sacrificios cuando ha recogido la cosecha o ha tenido un hijo?"

—"Pero, ¿por un justo he de perdonar a un linaje de malvados?"

—"Si exterminas al hombre, ¿quién llenará el cielo del aroma de los holocaustos?, ¿quién creerá en nosotros?, ¿en qué ocuparán los inmortales sus días? Los dioses se rebelarán contra ti y te dirán: «¿Por qué fuiste tan severo con Deucalión y nos privaste de la compañía de los hombres?». Castiga, si quieres, a los humanos, por sus vicios, pero deja vivir a Decaulión y a los suyos, pues nada tienes contra él."

—"¿Y cómo podré aniquilar a la raza humana y salvar a un hombre?" —preguntó Zeus ya convencido.

—"Utiliza tu poder y tu ingenio, que, al ser divinos, todo lo pueden" —respondió Hera y se retiró.

El padre de los dioses y de los hombres quedó triste y pensativo. Miró las nubes que había reunido ante sí y tuvo una idea. Llamó entonces a Hermes y le dijo:

—"¡Veloz Hermes! Ve a la tierra y avisa al justo Deucalión que el dios del Olimpo mandará un diluvio espantoso que inundará toda la tierra, alértale para que construya una gran arca de madera para él y su familia con el fin de salvar la vida y el linaje humano."

Hermes descendió presuroso del Olimpo y visitó a Deucalión tomando la figura de Prometeo. Sin perder tiempo, Deucalión se puso a construir el arca, que en pocos días estuvo acabada. Entonces comenzó a llover torrencialmente.

Deucalión y su familia permanecieron durante nueve días y nueve noches dentro del arca, lo cual les salvó de una muerte segura, pues las aguas habían cubierto toda la tierra, hasta los montes más altos. El arca flotó durante varios días hasta que se aposentó sobre las montañas de Tesalia.

Cuando las aguas se hubieron retirado, Hermes se presentó a los únicos supervivientes y les comunicó que el padre Zeus les concedería el deseo que formularan. Deucalión y Pirra, al ver la tierra tan vacía, solicitaron tener compañeros, a lo que Hermes respondió:

—"Quiere el rey del Olimpo que lancéis sobre vuestros hombros los huesos de vuestras madres, de donde caigan nacerán hombres y mujeres que serán vuestros compañeros."

A Pirra le aterrorizó la idea de desenterrar a su propia madre y cometer semejante ultraje; sin embargo, su esposo comprendió que se trataba de lanzar piedras, los huesos de la tierra, que es la madre de todos los vivientes. Así lo hicieron y de las piedras arrojadas por Deucalión nacieron hombres y de las lanzadas por Pirra, mujeres.

De esta forma se restableció la raza humana.

Sugerencias

Estamos ante el mito más universal. En todas las culturas hay un diluvio, en todas las culturas existe un pasado en el que el hombre no estuvo a la altura de lo que de él se esperaba, en todas las culturas hay un Dios o unos dioses que deciden hacer borrón y cuenta nueva, en todas las culturas existe un justo por el que merece la pena dar a la humanidad una segunda oportunidad.

El agua simboliza la destrucción que limpia y recrea. Los dioses no castigaron a los hombres con un incendio que arrasara la tierra, porque no pretendían tanto destruir como poder reconstruir una vida nueva. El agua destruye, pero también purifica y da vida. Por eso, no creo que haya que tomarse este mito al pie de la letra —aunque sin olvidar de ningún modo la letra—, sino interpretarlo como lo que realmente significa: el ser humano debe ahogar todo lo perverso que hay en él, debe lavar sus crímenes, debe flotar sobre la inmundicia que él mismo ha creado, elevarse por encima de su propia sombra y volar.

Creo que éste puede ser el sentido de tantos mitos que tienen que ver con un diluvio universal. Piénsese, por ejemplo, en el Noé bíblico, en el rey sumerio Utnapishtim, en Coxcoxtli y Xochiquetzal de la mitología azteca, en el anciano Bochica de la Colombia precolombina, en la Gran Liebre Michabo de los luisenos de baja California, en los dos hermanos karins de Birmania, en el Manu indio, y en muchos otros mitos, sudamericanos, egipcios, asiáticos..., que nos hablan de un gran diluvio que renovó la tierra.

Para más información, véase: Graham Hancock, Las huellas de los dioses, *Ediciones B, Barcelona, 1999, pp. 269-288.*

42

FINEO Y LAS HARPÍAS

Fineo no canjeó la vista por la eterna juventud, como hizo Fausto al vender su alma al diablo, sino a cambio de una larga vida. Su deseo le fue concedido, pero vivió miserablemente, soportando continuamente la desagradable visita de las Harpías. ¿Merece la pena vivir como Fineo, ciego y desgraciado?

Fineo poseía dotes adivinatorias. Cierto día rogó a Zeus que lo dejara ciego a cambio de poder vivir una larga vida. Sus ruegos fueron escuchados y Fineo perdió la vista. A él acudían gentes de todas las partes del mundo con el fin de conocer el futuro. Como agradecimiento por sus informaciones le regalaban ricos manjares. Pero Fineo no podía disfrutarlos porque cada vez que se disponía a comer llegaban las Harpías, genios alados con cuerpo de mujer, que devoraban su comida o la ensuciaban con sus excrementos.

Este suplicio que padecía diariamente el pobre Fineo fue un castigo de Helio, el Sol, defensor de la vista, a quien no le sentó nada bien que un hombre renunciara a uno de los bienes más preciados de un mortal: la capacidad de ver. Además, parece ser que Fineo abusaba de sus dotes proféticas y revelaba a los humanos los secretos de los dioses, por lo que Helio decidió castigarlo. Con ese fin, le enviaba a las Harpías: Aelo (borrasca) y Ocípete (vuelo rápido), cada vez que se disponía a comer. Fineo vivió una larga vida, pero fue desdichado, pues lo único que podía llevarse a la boca eran los restos pringosos que dejaban de tanto en tanto sus odiosas compañeras.

A todos cuantos vaticinaba, les suplicaba que le librasen de aquellos monstruos infernales, pero nadie se atrevía a luchar contra ellos. Ocurrió entonces que la expedición de los Argonautas llegó a Tracia, donde vivía Fineo. Jasón y sus compañeros comparecieron ante el adivino para pedirle consejo sobre el futuro de su expedición. Pero Fineo se negó a darles información hasta que no le librasen de la Harpías. Jasón y sus compañeros esperaron a que Fineo se dispusiera a comer y, cuando aparecieron las repugnantes aves, Calais y Zetes, hijos de Bóreas, el viento, y compañeros de Jasón, las persiguieron volando. Cuando les dieron alcance, Hermes se presentó y les dijo que las Harpías eran servidoras de Zeus. A cambio de perdonarles la vida, ellas les prometieron que nunca más volverían a molestar al adivino y se fueron a vivir en una cueva en Creta.

Sugerencias

Muchas veces el hombre calibra mal el peso de los valores. Pone por encima los que deben estar debajo, contrapesa equivocadamente, entonces el fiel de la balanza, a la deriva, le desorienta. Vender el alma al diablo por el amor de una mujer dice mucho del enamorado (y, sobre todo, de la mujer en cuestión); son dos valores (la propia alma y el amor), podríamos decir, de primera categoría, que cuando entran en combate nunca se sabe quién va a vencer. Darlo todo por la libertad, preferir la muerte a una existencia indigna, entregar la bolsa por la vida, sufrir la injusticia antes que causarla,... son dilemas morales justificados por el peso de sus contrarios.

Sin embargo, nadie justifica a Fineo, porque no hay proporción entre lo que renuncia y lo que desea. Desestima uno de los bienes más valiosos para un hombre: la visión, y lo cambia por otro de rango inferior: una larga vida. En cierto modo, Fineo hizo como Esaú, que vendió su primogenitura a su hermano Jacob por un plato de lentejas (lo cual dice muy poco en favor de Esaú y mucho de la habilidad culinaria de Jacob).

Tanto Fineo como Esaú transmutaron el orden de los valores. Se dejaron llevar por lo que en aquel momento estimaban más: el griego Fineo por vivir una larga vida y el judío Esaú por satisfacer su apetito tras un largo día de caza. Ambos no tuvieron en cuenta la jerarquía de los valores, por lo que el primero recibió el castigo de las Harpías y el segundo perdió la primogenitura.

Y es que los valores no son democráticos, no se pueden establecer así por así, no dependen de la voluntad de cada cual, aunque si no los queremos no "tienen valor". Se diría, más bien, que se imponen, que entre ellos existe una jerarquía estricta, incluso, hay rencillas y luchas intestinas por sentarse en el trono. Los valores no son nada democráticos, sino clasistas, están ordenados en categorías. Por eso, si ponemos por encima el que es de clase inferior corremos el riesgo de quedar desorientados.

Yo no establezco los valores que deben regir mi vida, sino que los elijo. En este sentido, no dependen de mí, sino de la esencia de las cosas, porque esa esencia sale al exterior de las cosas en los valores. A ese mostrarse de la esencia es a lo que llamamos valor. Por eso, bien se puede afirmar que los valores son propiedades objetivas del ser: ellos justifican que las cosas son, que tienen una esencia. Pero los valores tienen también un sentido subjetivo, ya que son indicadores para la conducta humana; maneras de ordenarse bien y tener sentido dicha conducta.

La sensibilidad moral depende de la capacidad de captar la esencia de la realidad que se manifiesta en los valores. Si el hombre no tiene atrofiada esa sensibilidad, su interior es incitado por los valores. A esa incitación responde con una vibración, un movimiento transitivo desde el hombre "tocado por el valor" hacia aquello que lo "toca". A esta tendencia es a lo que Platón llamaba "eros".

Pero resulta fácil anquilosar ese "eros", dejarlo reducido a su primera expresión de deseo egoísta. Entonces el amor, la afirmación del valor en cuanto tal, se convierte en una quimera. Así, se busca la satisfacción que produce el valor, antes que el valor mismo. De esta manera, por ejemplo, se persigue el orgullo que, de hecho, causa la valentía, pero no la valentía en sí. Se quiere el efecto, pero no el medio: sentirse orgulloso, sin ser valiente. Esta actitud mata los valores.

En el orden jerárquico de los valores, ¿cuál es el más importante? Se podría decir que el valor de los valores es el bien, porque el bien pesa siempre, me exige siempre, no puedo actuar sin tenerlo en cuenta, porque me hallo siempre sometido a su exigencia, haga lo que haga, incluso cuando estoy bromeando. Puede haber situaciones en que ciertos valores, por ejemplo los estéticos, no están exigidos; sin embargo, no hay ninguna situación en la que el bien no obligue al hombre en cuanto tal.

El bien, por tanto, no es un valor concreto ni la suma de los valores. Usando la vieja imagen platónica, se puede decir que es como el sol que todo lo ilumina. Por eso, atribuirle a un valor concreto un peso absoluto supone una falta de sensibilidad moral.

Consúltese para abundar en el tema de los valores la extensa Ética *de Romano Guardini (B.A.C., 1999).*

43

EL SECRETO DE HERA

Hombres y mujeres tienen una manera diferente no sólo de vivir la sexualidad, sino también de sentirla. Se puede decir que poco tiene que ver la vivencia de la sexualidad del hombre y de la mujer. Ellas la insertan en su vida de una forma mucho más profunda, más compleja y más intensa que ellos. Los hombres sienten la sexualidad, quizá porque la viven de una forma menos profunda y menos intensa, de un modo más superficial que las mujeres. En este asunto, ganar en simplicidad supone perder en calidad. Pero, en lo que al placer sexual se refiere, ¿está repartido equitativamente entre hombres y mujeres o un género tuvo más suerte que el otro en el reparto? La mitología responde.

Tiresias fue, junto a Calcante, el adivino más célebre de la antigüedad. Su padre se llamaba Everes y su madre era la ninfa Cariclo.

Cierto día, cuando paseaba por el monte Cileno, vio dos serpientes en cópula y las separó. En ese momento, quedó convertido en mujer. Al cabo de siete años pasó por el mismo lugar y volvió a ver dos serpientes unidas, las volvió a separar y quedó convertido en hombre. La fama de Tiresias, el único ser que había sido hombre y mujer, fue notable, de tal manera que habitantes de todos los confines de Grecia acudían a pedirle consejo sobre sus relaciones conyugales.

En cierta ocasión, Zeus y su esposa Hera discutían sobre quién experimentaba mayor placer en el amor, si el hombre o la mujer. El dios mantenía que era el hombre el más afortunado, mientras que la diosa estaba convencida que era la mujer la que sentía más placer en la relación sexual. Como no llegaban a ningún acuerdo, pensaron consultar a Tiresias, el único ser que había sido hombre y mujer. Así lo hicieron y Tiresias respondió que si el goce del amor se dividiese en diez partes, la mujer se quedaría con nueve y el hombre sólo con una.

La respuesta molestó mucho a Hera, pues vio que el misterio de su sexo había sido revelado y como castigo dejó a Tiresias ciego. Zeus, como agradecimiento por haberle descubierto el secreto de Hera, le concedió el don de la profecía, incluso después de su muerte, así como el privilegio de poder vivir siete vidas.

Tras una prolongada vida llena de profecías, murió de fatiga.

Sugerencias

Para adentrarse en la vivencia femenina de la sexualidad hay que entender en su literalidad eso de que "la mujer se entrega en cuerpo y alma". Algunas de ellas se lamentan por amar tanto —"me he enamorado de él como una tonta", suelen decir—, y es que la entrega total ni está de moda ni bien comprendida. La mujer no sabe amar a medias, cuando da, lo da todo. El sexo no es un capítulo más del libro de su amor, un apéndice o una nota fuera de paginación, sino un elemento indispensable del argumento.

Las mujeres no aman sexualmente, sino sexuadamente. El amor sexual tiene sus momentos, sus inicios y su final; el amor sexuado llega a lo más pro-

fundo, cargado de sentido y significado, es continuo, continuado y sin fin.

La mujer vive la sexualidad con tanta biología como el hombre, pero con muchos más ingredientes: psicológicos, sentimentales e intelectuales. Reducir la sexualidad a lo puramente biológico, es decir, a la relación sexual propiamente dicha, es muy poco femenino, porque supone descontextualizarla, sacarla fuera del argumento biográfico. En cierto modo, es una abstracción, una separación de lo sexual del transcurrir vital.

La separación de amor y sexo es una de las grandes abstracciones masculinas. Por eso, entender el sexo separado, desligado del amor, no es otra cosa que reducir la sexualidad al sexo.

"Hacer el amor" es una fórmula torpe para expresar, bajo las reglas de una falsa eufonía, el acto sexual. Las personas que aman "hacen" el amor continuamente, porque el amor es algo que debe ser hecho, mantenido, recreado; es, en cierto modo, artesanal. La unión sexual no puede desligarse de todo este proceso —que, por naturaleza, es vivido sexuadamente—, porque entonces se desvirtúa, se desintegra y se despersonaliza. Los malentendidos en las relaciones de pareja suelen tener su origen en la incomprensión masculina de la integridad de la vivencia femenina de la sexualidad. Ellos tienden a polarizar la relación personal en el acto sexual, mientras que ellas la irradian hasta todos y cada uno de sus rincones. Ello no quiere decir que para la mujer la unión carnal sea trivial o carezca de importancia, ni mucho menos. Ocurre justamente al revés. Ella se entrega de forma total: física, psíquica e intelectualmente, porque donde pone el cuerpo acude el alma, y donde pone el alma acude el cuerpo. A una mujer le resulta muy difícil olvidar sus emociones, suspender por unos momentos sus preocupaciones, aparcar sus proyectos, abandonar esporádicamente sus ideales, para centrarse en la materialidad del sexo. El hombre que no tenga presentes

estas "rarezas" no se adentrará nunca en las profundidades de lo femenino.

No resulta nada femenino prescindir de todos esos ingredientes que acompañan, orientan y dan sentido al acto sexual. La mujer, ya lo hemos dicho, ama con su cuerpo, con su mente, con su ser. De ahí que el elemento comunicativo de la sexualidad adquiera mucha mayor relevancia para ella que para el hombre. De ahí que sienta más que el hombre, como pone de manifiesto "el secreto de Hera".

EPÍLOGO

(para los que comienzan los libros por el final)

Claude Lévi-Strauss decía que los mitos despiertan en el hombre pensamientos que le son desconocidos. En ellos, el hombre descubre verdades sobre él mismo, sobre la naturaleza, sobre su propio destino; verdades que se le presentan con una fuerza sobrehumana y que él no es libre para rechazarlas o cambiarlas. Esto quiere decir, como hemos dicho al principio, que el mito no se inventa, sino que se impone. Impone su propia lógica, la cual choca con un tipo de razón que, desde Aristóteles hasta la moderna concepción instrumental o científica, ha imperado en Occidente. Por eso, resulta muy difícil entender no sólo lo que quiere decir el antropólogo francés, sino también el sentido profundo de la mitología.

Si entendemos bien lo que pretende decir Lévi-Strauss, podemos afirmar que a lo largo de estas páginas hemos participado de la misma convicción. Ésta supone que, propiamente, el mito no choca con la razón, sino que, más bien, es cierta concepción de la racionalidad, que vio su culminación en la Ilustración europea y que actualmente se encuentra en crisis, la que no puede comprender la lógica mítica. Esta nueva razón, la de los filósofos y científicos, fue la que abrió el hiato entre mito y logos, la que nos distanció de las narraciones mitológicas, la que las convirtió en fábulas irracionales. A partir de ese momento, la razón deberá, por sí misma, encontrar las respuestas a esas preguntas esenciales que se plantea el hombre de todos los tiempos. Lo que no es descubierto por ella —porque procede de un plano más elevado— es rechazado como irracional o salvaje. De esta forma se relegó el mito a una fase primitiva, a un estadio en que todavía la razón no había despertado.

Cuando "despertó" la razón se durmió el mito. El último intento de asumirlo muere en Platón. Para el "divino", lo eterno se manifiesta a través de la inteligencia y este manifestarse no es otra cosa que el mito. Éste es uno de los sentidos que encierra el "conocimiento como recuerdo". El filósofo descubre la verdad, pero la descubre en cuanto la verdad se le manifiesta. Él no debe hacer otra cosa sino acogerla amorosamente y ponerse a su servicio. El ejemplo más claro fue Sócrates. El maestro no enseña, sino que ayuda al discípulo a ponerse en disposición de recibir la verdad, de recordarla. En ese sentido, las narraciones míticas nos "recuerdan" lo que realmente somos, despiertan en nuestro interior el deseo de hallar respuestas últimas; por ello, con toda justicia, les corresponde el calificativo de verdaderas, pues nos transmiten verdades esenciales.

Fue Aristóteles quien se encargó de acuñar un nuevo concepto de razón. Ya no habrá recuerdo, sino aprendizaje; ya no dependeremos del pasado, sino que seremos capaces de construir, por nosotros mismos, nuestro futuro. El rasgo más propio de la razón es la autonomía, dispone de una lógica independiente capaz de trenzar una tupida red de conceptos para atrapar la realidad. Pero los mitos son escurridizos, "difíciles de pensar", hemos dicho siguiendo a Julián Marías, y se filtran por los poros de la malla conceptual que la razón ha creado. Quedan, entonces, relegados a lo irracional, a lo místico, a lo religioso. Es decir, que no se toman en serio, porque lo serio es el raciocinio. De esta manera, contar mitos se convierte en una curiosidad más, cuyo interés apenas sobrepasa lo meramente lúdico.

Esta concepción de la razón humana presenta diversas patologías que los filósofos posmodernos han sabido muy bien describir. Entre ellas, destaca una suerte de "miopía intelectual" originada por haber forzado la vista en los detalles. A fuerza de mirar de cerca, ha perdido la capacidad de ver de lejos. En el caso que nos ocupa, el objeto de esta miopía es el pensamiento mítico, que se presenta borroso en la lejanía o, simplemente, no se ve.

En sus *Mitológicas*, cuenta Lévi-Strauss que le sorprendió notablemente una tribu cuyos miembros eran capaces de ver el planeta Venus a plena luz del día. Cuando expuso el problema a los astrónomos le respondieron que, en efecto, nosotros no lo logramos pero que, atendiendo a la cantidad de luz emitida por Venus durante el día, no era inconcebible que algunas personas puedan detectarlo; era cuestión de tener la vista entrenada. Por tanto, que no veamos el planeta Venus de día no significa que no esté allí, y que otros, capaces de mirar como lo hacían los miembros de aquella tribu o los antiguos navegantes, logren verlo no significa que estén hechizados o que sean pobres crédulos o locos irracionales.

Para volver a captar el sentido del mito debemos cambiar la forma de mirar, debemos abrir el objetivo de nuestra razón para que entre más luz, no sólo la que nosotros mismos arrojamos. En qué medida es esto posible lo sabremos cuando nos tomemos los mitos en serio.

FUENTES

Apolodoro: *Biblioteca mitológica*, Akal, Madrid, 1987.
Apolonio de Rodas: *Las Argonáuticas*, Cátedra, Madrid, 1986.
Esquilo: *Tragedias completas*, Cátedra, Madrid, 1990.
Eurípides: *Tragedias I, II y III*, Gredos, Madrid, 1990, 1995, 1998.
Heródoto: *Historia*, 4 vols., Gredos, Madrid, 2000.
Hesíodo: *Obras y fragmentos*, Gredos, Madrid, 2000.
Homero: *Ilíada*, Planeta, Barcelona, 1991.
— *Odisea*, Planeta, Barcelona, 1993.
— *Himnos homéricos*, Gredos, Madrid, 1988.
Mitógrafos griegos. Eratóstenes, Partenio, Antonio Liberal, Paléfato, Heráclito, Anónimo Vaticano (Edición de Manuel Sanz Morales), Akal, Madrid, 2002.
Ovidio: *Metamorfosis*, CSIC, Madrid, 1999.
Sófocles: *Tragedias completas*, Cátedra, Madrid, 1993.

SUGERENCIAS

(sólo libros citados)

Adorno, T. y Horkheimer, M.: *Dialéctica de la Ilustración: fragmentos filosóficos*, Trotta, Madrid, 1984.
Alvira, R.: *El lugar al que se vuelve. Reflexiones sobre la familia*, Eunsa, Pamplona, 1998.
Apolodoro: *Epítome*.
Apuleyo: *Las metamorfosis o El asno de oro*, Altaya, Barcelona, 1996.
Argullol, R.: *El fin del mundo como obra de arte*, Destino, Barcelona, 1991.
Aristóteles: *Metafísica*, Gredos, Madrid, 1987.
Ayllón, J. R.: *Desfile de modelos*, Rialp, Madrid, 1998.
Boecio, *La consolación de la filosofía*, Alianza, Madrid, 1999.
Camus, A.: *El mito de Sísifo*, Alianza, Madrid, 1995.
Cervantes, M. de: *Don Quijote de la Mancha* (edición de Martín de Riquer), Editorial Juventud, Barcelona, 1995.
Choza, P. y Choza, J.: *Ulises, un arquetipo de la existencia humana*, Ariel, Barcelona, 1996.
Eco, U.: "El antiporfirio", en Vattimo y Rovatti, *El pensamiento débil*, Cátedra, Madrid, 1990.
Eurípides: *Ifigenia en Áulide*, en *Tragedias III*, Gredos, Madrid, 1998.
Girard, R.: *Veo a Satán caer como el relámpago*, Anagrama, Barcelona, 2002.
— *El chivo expiatorio*, Anagrama, Barcelona, 1986.
— *La violencia y lo sagrado*, Anagrama, Barcelona, 1998.
Guardini, R.: *Ética*, B.A.C., Madrid, 1999.
Gutiérrez, J. M.: *El color del aire*, Olifante, Zaragoza, 1999.
Hancock, G.: *Las huellas de los dioses*, Ediciones B, Barcelona, 1999.
Heidegger, M.: "La pregunta por la técnica", en *Ciencia y téc-*

nica, Editorial Universitaria, Santiago de Chile, 1984 (pp. 71-107).

Huxley, A.: *Un mundo feliz*, Plaza & Janés, Barcelona, 1983.

Jiménez, J. R.: *Platero y yo*, Cátedra, Madrid, 1989.

Joyce, J.: *Ulises*, Cátedra, Madrid, 1999.

Jung, C. G.: *¿Quién es Ulises?*, Santiago Rueda, Buenos Aires, 1944.

Kafka, F.: *La metamorfosis*, Alianza, Madrid, 1980.

Kierkegaard, S.: *Temor y temblor*, Editora Nacional, Madrid, 1975.

— *El concepto de la angustia*, Espasa-Calpe, Madrid, 1982.

Lévi-Strauss, C.: *Mitológicas*, 4 vols., FCE-Siglo XXI, México, 1968-1974.

Lewis, C. S.: *Mientras no tengamos rostro*, Rialp, Madrid, 1992.

Lipovetsky, G.: *La era del vacío*, Anagrama, Barcelona, 1986.

— *La tercena mujer*, Anagrama, Barcelona, 1999.

Marina, J. A.: *La selva del lenguaje*, Anagrama, Barcelona, 1998.

Nestle, W.: *Historia del espíritu griego. Desde Homero hasta Luciano*, Ariel, Barcelona, 1975.

Nietzsche, F.: *El Anticristo*, en *Obras inmortales I*, Teorema, Barcelona, 1985.

— *La genealogía de la moral*, Alianza, Madrid, 1995.

Ovidio: *Metamorfosis*, Consejo Superior de Investigaciones Científicas, Madrid, 1999.

Paléfato: *Històries increïbles*, Alpha, Valencia, 1976.

Pieper, J.:*Los mitos platónicos*, Herder, Barcelona, 1998.

Plauto, *Anfitrión*, Ediciones Clásicas, Madrid, 1998.

Polaino-Lorente, A.: *¿Síndrome de Peter Pan? Los hijos que no se marchan de casa*, Desclée de Brouwer, Bilbao, 1999.

Sartre, J.-P.: *Las moscas*, Alianza Losada, Madrid, 1981.

Savater, F.: *Ética para Amador*, Ariel, Barcelona, 1991.

— *Idea de Nietzsche*, Ariel, Barcelona, 1995.

Shelley, M. W.: *Frankenstein, el moderno Prometeo*, Alianza, Madrid, 1994.

Sissa, G. y Detienne, M.: *La vida cotidiana de los dioses griegos*, Temas de Hoy, Madrid, 1994.

Sófocles: *Edipo, rey*, en *Tragedias completas*, Cátedra, Madrid, 1993.

Stangerup, H.: *El hombre que quería ser culpable*, Tusquest, Barcelona, 1991.

Unamuno, *Diario íntimo*, Alianza, Madrid, 1998.

ÍNDICE ALFABÉTICO